悲劇の哲学

シェリング芸術哲学の光芒

叢書シェリング入門6

FRIEDRICH WILHELM JOSEPH VON SCHELLING

松山壽一 著

萌書房

〈叢書シェリング入門〉刊行にあたって

シェリングという哲学者の名は一般には馴染みが薄い。二重に隠されてさえいる。一方で、古典を敬して遠ざけ流行を追うことにのみ汲々としている思想界の昨今の風潮がこれに追い討ちをかけているし、他方で、ドイツ古典哲学に眼が向けられるにしても、シェリングの名はカントやヘーゲルといったビッグネームの陰に隠れてしまってなかなか目立たず、ためにシェリングにまで眼が向きにくいという事情もこれに加勢している。

フランス革命後の激動の時代に、人間の自由を求め、その根源（悪の起源）を極めようとしたばかりでなく、この根本的希求をもとに、自然の哲学や芸術の哲学、さらには歴史の哲学を展開し、神話と啓示の意義をも追求しようとしたシェリングの思想は、軽佻浮薄なわれわれ現代人に「根源を忘るるなかれ」と警鐘を鳴らし続けているように思われる。

筆者はこれまでもっぱら、思うところあって、無理解のまま放置されてきたドイツ自然哲学を理解できる状態にすることに専念してきたが、非力ながら、ここに、シェリング哲学全般の意義、さらにはその多彩さと魅力を世に広めるための入門書、啓蒙書を叢書として上梓することにした。

この間、日本シェリング協会（一九九二年創立）を母体としてシェリング著作集の刊行が企てられた。

筆者は編集幹事として、その企画、出版交渉等にあたり、当初（一九九四年）十二巻の刊行が可能となるも頓挫。その後、数々の出版社と交渉を重ねた結果、全五巻ながら来年ようやく刊行の運びとなった。著作集出版のための長年の悪戦苦闘のなかで何よりも思い知らされたことは、シェリングの知名度があまりに低いということであった。出版交渉の際に「シェリングが何者か」を一から説明せざるをえないことしばしばであった。この悪戦苦闘を通じて、筆者はシェリングの名を世に知ってもらう必要、彼の思想の意義と魅力を喧伝する必要を痛感せざるをえなかった。

〈叢書シェリング入門〉の企画はこのような苦渋の体験のなかから生まれてきた。もっとも、シェリングという知名度の低い哲学者の入門書、啓蒙書を、しかもシリーズで出版しようとする出版社などあろうはずもなく、著作集の場合同様の難航が予想された。ところが、萌書房という新しい出版社を立ち上げたばかりの白石徳浩氏が趣旨に賛同し、叢書としての刊行を引き受けて下さった。感謝に耐えない。

なお、カバーに掲げる肖像は、ミュンヘンのバイエルン科学アカデミー・シェリングコミッション提供によるものである。

二〇〇四年（シェリング没後百五十年）五月

松山壽一

まえがき

今を遡ること二千数百年もの昔、紀元前五世紀、ギリシアはアッティカの空の下に花開き、傑作の数々が上演され続けた悲劇は、近代に入って、意匠を新たにオペラとして再興され、また西洋演劇（フランス古典劇やドイツ市民悲劇）に対しても多大な影響を及ぼしたばかりか、近年では、その再現的上演や改作上演、翻訳上演まで行われている。それは、演劇としての見応えもさることながら、それが「人間の何たるか」を鋭く抉り出しているゆえであろう。少年期に「人間とは何か」という問いに囚われて哲学の世界に踏み込んだ筆者にとっても、ギリシア哲学とともにギリシア悲劇は長年にわたり関心の的であり続け、馴染み深く、最も愛着を寄せるテーマであり続けた。いずれギリシア悲劇をテーマとした一書を上梓できればと常々思っていたところ、最近になって思わぬ機会に恵まれた。本書はその機会に（二〇〇八年五月フライブルク大学での講演にて）、「自由と必然――アリストテレースの悲劇の詩学とシェリングの悲劇の哲学」と題して解明を試みたシェリング悲劇論の特質を本入門シリーズ向けに詳論したものである。本書のメインタイトルを「悲劇の哲学」とし、サブタイトルを「シェリング芸術哲学の光芒」としたが、かつての解明が前者にかかわり、今回の詳論が後者にかかわる。

周知のとおり、悲劇論は、アリストテレース以来伝統的に、演劇技法すなわち「悲劇の制作術・詩学」を追求するものであった。こうした伝統を尻目に、独自の道を追求したのが若きシェリング（時に彼二〇歳）にほかならなかった。彼は、当時哲学が直面していると彼の見なした難問――客体的必然に徹する「独断論（スピノザ哲学）」と主体的自由に徹する「批判主義（カント哲学）」との対立――の解決策、突破口をギリシア悲劇の英雄像に見出した（『哲学書簡』最終書簡）。そこには客観的必然（英雄にとっては悲運）を自発的に受け入れ、こうした「自己滅却」によって「主体性」、「人間的自由」を発揮する「必然の自由化」、「自由と必然の同一化」、いわば「絶対的自由」が認められたからである。このように悲劇芸術に哲学的意味を見出す「悲劇の哲学」は、彼をさらに真と善とを合一するものこそ美と見なすロマン派的な芸術至上主義に与する「芸術哲学」を高唱させることになる（『超越論的観念論の体系』最終章）。ところが、間もなく、「主客総無差別」を根本原理とする同一哲学体系を樹立した彼は、「芸術哲学」をその体系下に位置づけ直す（『芸術哲学』講義）。こうして、シェリング「芸術哲学」そのものに亀裂が入ることになる。だが、芸術（美）と哲学（真）、どちらに優位を置くかは、単に学問的問題に留まらず、世界観ひいてはわれわれの生き様の根幹にかかわる大問題である。本書に「シェリング芸術哲学の光芒」というサブタイトルを掲げたのは、この問題に対して筆者なりの応答を試みたためである。このような試みを含む詳論によって、本書の記述は全体として、初期シェリング哲学の歩みの大筋を辿るものともなった。

なお、筆者の研究スタイルに関して付言しておけば、それは、かつてあるエセー（晃洋書房刊『科学・

芸術・神話』に収めた付論「ポリフォニーとしてのテクスト」）に綴ったとおり、多声的なもの、強いて言えば時代の「思想空間」に無限接近することを目指すものであり、入門シリーズではあれ、本書にも、こうした筆者の研究スタイルは反映されている。人物に着目して言えば、それはシェリングのみならず、ヘルダリン、ヘーゲルはむろんのこと、シュティフト教授シュトルやシュティフトでの先輩ニートハンマーなどの神学者たち、あるいはレッシングやシラーといった作家、劇作家たち、さらにはロマン派の論客シュレーゲル兄弟など多士済々である。また、ジャンル、部門に関連して言えば、本書の記述範囲は、主要テーマである悲劇、演劇に留まらず、芸術哲学はむろんのこと、神学の領域をも覆うものである。そのような領域にまで記述が拡張されたのは、シェリングの悲劇論が最初に登場してくるのが、「自由の哲学」という課題に彼が取り組み始めた時期の神学論争文（『哲学書簡』）だったからである。あるいは、さらに本書の扱う世界、「思想空間」は、その主要テーマからして当然のことながら、若きシェリングの生きた一八〇〇年前後のドイツのみならず、遠く古代ギリシア世界にまで及んでおり（特に序章「ギリシア悲劇の世界」で若干紹介を試みた）、本書は読者を古代世界と近代世界とを往還させるものともなっている。以上のような特徴を備えているがゆえに、読者はどのような角度からでも本書に接することができるであろう。本書は読者の関心に応じてどこからでも読めるように仕立てられている。本書に織り込んだ様々な記述が読者の様々な関心に重なり合い、良き刺激ともなれば幸いである。

「三つ子の魂百まで」とよく言われるが、「少年の夢」にも同じようなことが言えそうである。本書は、筆者にとってそのようなものとなった。少年時代の「古代への情熱」がこのように形あるものとなりえたのは、ひとえに萌書房代表取締役白石徳浩氏の御厚情と御尽力のお陰である。末筆ながら、記して感謝申し上げる。本書が収められるシリーズ〈叢書シェリング入門〉について触れておけば、本入門シリーズの刊行は、ここ数年、筆者の体調不良のため滞っていたが、本書より再興をはかる運びとなった。乞うご期待！

松山壽一

二〇一四年五月

悲劇の哲学——シェリング芸術哲学の光芒——＊目次

第一部　自由の哲学と悲劇

悲劇の哲学

――シェリング芸術哲学の光芒――

序章　ギリシア悲劇の世界

一　ギリシア悲劇の上演様式

テレビ受像器、テレビの画面に映像が映っており、それを見ている人々が一喜一憂している。居間に家族や気の合った仲間たちが集まっての場合もあれば、自室で一人の場合もあろう。今日のドラマ鑑賞のありふれた図柄を描くとすれば、それは、自宅の居間や自室でテレビ映像に対面している人々の図ということになろう。この場合、観劇は日常の光景や雑音、騒音から切り離されてはおらず、それどころか、テレビドラマでは（映画のテレビ放映ですら）合間にコマーシャル映像、音楽が何度も割り込んでくる。家庭での観劇は日常生活と地続きなのである。そこでそれを避け、映画館に足を運んでみたとしよう。空間もまわりから遮断された映画館という暗室に様変わりするし、劇中、生活音が紛れ込むこともなければ、途中コマーシャルが入ることもない。ただし、映画館での観劇も、映像を通じての観劇という点ではテレビでのそれと変わりはない。ところが、映画館に似た箱物、暗室でありながら、観るものが舞台で演じられる芝居となると、観客が抱く印象、勧興は激変する。舞台で演じているのが生身の人間だからである。生身の人間が眼の前で動き、声を出し、時に叫ぶ(1)。演者、役者がいかに下手であれ、舞台装置がいかにお粗末であれ、芝居見物には、映画やテレビ画像による観劇とは異なる独特の雰囲気、熱気が漂う。ましてや名優の名演技、名演出家の名舞台ともなればなおさらである。芝居好きには堪えられない醍醐味である。歌舞伎であれ新劇であれ、はたまた大衆演劇であれ、あるいはオペラであれミユージカルであれ、演劇はほぼ常時上演されており、観客はお目当ての芝居を観るために、チケットを手に劇場に向かう。

何であろうと見せ物を好むわれわれの性癖のせいか、遠い過去、昔から芝居は人々を大いに楽しませてきたようである。演劇のルーツを遡って行くと、われわれは二千数百年も昔、古代ギリシアに辿り着く。今日なおわれわれを惹きつけてやまない、かの悲劇である。一説を引き合いに出して言えば、常設の劇場が建設されるまで、それは、旅回り一座によって演じられていたようである。ローマの詩人ホラーティウスは、彼の『詩論』(前一世紀)に、悲劇上演の草創期に関する「伝説」を次のように記している。「言い伝えによれば、テスピスは悲劇のムーサの、まだ知られていなかったジャンルを発見し、詩を馬車に乗せて運んだが、その詩はぶどう酒の殿《おり》を塗った者たちが歌い演じるためのものであった(2)」(275f.: 岡道男訳(岩波文庫)p. 246)。この記述から、テスピスの一座は各地を巡回し、「コロス(合唱隊)」

として「ディーテュランボス（酒神讃歌）」の一種を歌い演じたと想像されるが、この記述に続けて、ホラーティウスはさらに、かの「三大悲劇詩人」の一人アイスキュロスの名を挙げ、彼の新機軸にも触れている。「彼（テスピス）に次いで、アイスキュロスが仮面と立派な衣装を発明し、低い支柱の上に舞台の板を敷き、俳優に大げさな語り口と、丈の高い靴を履き背を伸ばす歩き方を教えた」（同前）。

ここに記されている、仮面や立派な衣装、高靴（ブーツ）の使用および「大げさな語り口」といった工夫が、大勢の観客（アテーナイのディオニューソス劇場では一万五〇〇〇人もの観客を収容）の視覚聴覚双方に訴えるためのものであったことは想像に難くない。(3)ともあれ、ここで注目すべきは、俳優の登場とともに「ギリシア悲劇」が成立したことである。悲劇成立史に関する大方の見解によれば、俳優はもともと、今日風に言えばコーラス隊の一員だったのであり、当初はその指揮者のような者だった。この意味で、悲劇の母胎は「コロス」にあった。俳優独立後のコロスの役割については後に触れることにして、ここではなお、悲劇上演の先駆者とされるテスピスに関する別の伝承（一〇世紀の古代文学事典『スーダ』）に眼を向けておこう。それによれば、仮面を最初に使用したのも、俳優として演じ始めたのもテスピスだったとされており、(4)かつ、前五三四年に、アテーナイの僭主ペイシストラトスが悲劇の上演をこの市の春祭（大ディオニューシア祭）での競演を国家の公式行事とする制度を創設した際に、第一回の競演において優勝の栄誉に浴したのもテスピスだったようである。(5)

俳優の問題に戻って言えば、悲劇で演じられる俳優の数はきわめて少なく、アリストテレース『詩学』（第四章）の記述に従えば、「アイスキュロスがはじめて俳優を一人から二人に増やして、コロスの役割を減らし、台詞や対話を主役に引き上げた。ソフォクレースは俳優を三人に増やし、舞台の背景画を用いた」(1449a16–19)[6]。どうしたわけか、俳優の数は、種々新趣向を凝らしたエウリーピデースですら、最多で三人であり、それ以上に増やすことはなかった。かなりの無理を強いられる三人俳優制が励行された理由の一つを「大きな市の祝祭にかなうような上手な俳優がきわめて少なかった」[7]点に求めるほかなさそうだが、他に注目すべきは、仮面使用あってこそ、それが可能となったという点である。俳優の数がきわめて少ないため、演ずべき人物の数がそれを上回るのは常だから、一人の俳優(当時、俳優は男優のみ)が何役も(わが国の歌舞伎同様むろん女役も)演じ分けることになるのは当然の成り行きである。俳優の腕の見せ所もここにあった。出で立ちはむろんのこと、所作それに声色。さらに言えば、演目によっては、同一登場人物を三人の俳優全員が交替で演じざるをえないというケースすら生じている(『コローノスのオイディプース』のテーセウス役)[8]。

今日においても、古代ギリシア悲劇は様々な形で演じられているが、たとえば一九三〇年に創立されたギリシア国立劇場の演じるそれは、もはや古代ギリシア語ではなく、現代ギリシア語によるものとなっているばかりか、かつての三人俳優制は廃止され、仮面も使用されず、作品に登場する人物の数だけ俳優が登場する。これらの点で、これは現代劇とさほど変わりがなくなっている。それでもなお、現代劇と決定的に異なる点は、コロスの存在とその役割である[9]。コロスはかつては市民の中から選ばれた者たちが務めることになっていた。これはすなわち市民の義務だったのであり、その人数は最多の折で一作品一五名。先に触れたとおり、アリストテレースによれば、俳優を二人から三人に増やしたばかりか、コロスを一五名に増やしたのもソフォクレースだったようである。彼は俳優とコロス双方を最多とし、悲劇を最大規模にしたことが分かる。ともあれ、劇中におけるコロスの役割は多様で、物語の展開と結末を見届ける目撃証人であったり、物語の背景や状況を説明するナレーターであったり、観客の感想や作者の思想を代弁する者であったりするばかりか、歌と踊りで、観客の耳と目を楽しませるパフォーマーとしても活躍した。[10] これらいずれも、今日におけるギリシア悲劇上演にも当てはまる。

ここで悲劇の一作品の構成を一瞥しておこう。それは、単純に整理して言えば、(A)入退場部分、(B)対話部分、(C)合唱部分の三部分から成っていたが、すこぶる興味深いことは、それぞれ異なった韻律が用られたことである。Aでは行進にふさわしい「アナパイストス（短短長格）」。Bでは基本的に荘重な「イアンボス（短長格）」――詳しく言えば、短長短長という一単位が三度繰り返される「イアンビコス・トリメトロス」――が用いられ、「プロロゴス（前口上）」もこれに同じ。ただし、時に逆のさほど荘重でない「トロカイオス（長短格）」で語られるか詠唱されることもあり、あるいは、Aの行進の韻律すなわち力強くリズミカルな「アナパイストス（短短長格）」で詠唱されることもあり、また、独唱か二重唱で、コロスと対唱する場合には、コロス同様の抒情詩の韻律で歌われることさえある。ここで看過してならないことは、俳優の台詞部分さえ、あくまでも韻律を伴った韻文で語られ、歌われたという点である。この点が近代劇と決定的に異なっている。ともあれ、韻律に関してはCこそ、その真骨頂。コロスは基本的には抒情詩の韻律で合唱する。その一つのスタイルは斉唱であり、ここでは、二つ一組の詩節（ストロペーとアンチストロペー）がいくつか集まって組が作られる。だが、コロスはこれより短い詩節を歌ったり、「アナパイストス」で詠唱したり、あるいは俳優たちと対唱することもある。[11]

今日のギリシア悲劇上演に再度眼を向ければ、すでに指摘したとおり、そこでは、残念ながら現代ギリシア語上演であるため、韻律による朗詠は踏襲されようがないものの、コロスの舞唱はそれなりに生かされており、近代劇とは異なったその特殊な効果を発揮してはいる。オペラハウスの大舞台ならぬ通常の劇場の舞台で演じられる場合、コロスの動きはかえってその舞台の狭さを印象づけがちであるため、ギリシア現地に遺る野外劇場での上演が望まれる。[12]

かつて悲劇は、すり鉢状の観客席（「テアートロン」）に囲まれた踊り場（「オルケーストラー」）を擁する野外劇場で演じられた。踊り場の背後には「スケーネー」と呼ばれる建物も設《しつら》えられ、これが演《だ》し物に応じて王宮や神殿に見立てられたり、背景画が掲げられたりするばかりでなく、内部は俳優たちが仮面や衣装を取り換えるための楽屋としても機能した。前五世紀に最盛期を迎え、それ以後、悲劇が上演され続けたアテーナイでは、こうした野外劇場は市の東南麓のディオニューソス神を祀る神域に建設された。今日の演劇上演と古代ギリシアにおける悲劇上演との最も決定的な相違は、後者が大ディオニューシア祭という春の大祭における神事（ディオニューソス神の聖木たるブドウの樹の成長を寿ぐ国家的神事）の一環（奉納コンテスト）としてなされた点である。この大祭（市の祭り）は、ギリシア世界に対して「アテーナイの富と権力と公共精神」を効果的に「宣伝」[13]する役割を果たすものであった。これは、他国の使節も来訪するインターナショナルな祭りであるとともに、アテーナイ市民たちにとっても彼らの共同体意識、国家意識を確認し合う絶好の機会となった。

祭礼は、前夜祭にて、コンテストに出される作品の作者、俳優、コロス（前記のとおり、そのメンバーは一般市民から選ばれた）、コレーゴス（悲劇上演のための諸費用を負担する富裕市民で、彼らはプロデューサー、スポンサーとしての役割を果たした）が披露された後、翌日より六日間にわたって執り行われた。初日には、朝と夕に行進があり、犠牲式の他、ディーテュランボスの競演もなされ、二日目には喜劇が五篇上演された。悲劇のコンテストが開催されたのは三日目から五日目にかけてのことであり、この間、一日毎に一人の作者による三篇の悲劇と一篇のサテュロス劇[14]が上演された、そうしてそれが終了した翌日、最終日に、その審査が行われ、賞品の授与がなされ[15]、当祭礼、春の大祭の全日程は終了する。

以上において、古代ギリシアにおける悲劇の上演様式の概要と大ディオニューシア祭の概要を見た。次いで、悲劇そのものの中身とそれが上演された時代背景を見ておこう。

二　三大悲劇詩人とその時代

まず最初に指摘すべき点は、近代演劇と古代悲劇との相違の一つである。すでに指摘した種々の相違の他になお大きな相違があり、それは、後者では題材、素材が神話や伝説に求められたという点である。したがって、観客には馴染の、いわば「昔話」をベースにしながら、それを見応えのある芝居に仕立て上げるというのが作家、悲劇詩人たちの腕の見せ所ということになる。この相違に関連して言えば、今日遺っている全三三篇の悲劇作品の内には例外も含まれており、悲劇が上演された時代がどのような時代であったか、またそこで市民たちの間でどのような意識が醸成されたかを見るために、ここでまず例外作品に眼を向けるとしよう。アイスキュロスの『ペルサイ（ペルシア人たち）』である。

1　アイスキュロス『ペルサイ』

この作品は、アテーナイの偉大な指導者ペリクレースをコレーゴス（上演世話人）として、第七六オリュンピア期の四年目（前四七三／二年）の大ディオニューシア祭で上演され、優勝の栄誉に浴したものであるとともに、今日のわれわれにとっても、現存作品中、最古のものとして貴重なものでもある。当作品は、「歴史家の父」と呼ばれるヘーロドトスによっても、その『歴史』に彼得意の地誌的知見が生かされつつ克明に描き出されることになるペルシア戦争を題材としている。ペルシア戦争とは、ダーレイオス王、さらにはクセルクセース王の治める東方の大帝国が西方の小国の寄り合い所帯にすぎないギリシア諸国を征服しようとした戦争で、これに対しギリシア諸国は一丸となって、マラトーンの戦い（前四九〇年）やサラミースの海戦（前四八〇年）で奇跡的な勝利を収め、東方の大帝国の大王たちの野望を打ち砕くことになる(16)。伝承によれば、当悲劇の作者アイスキュロスは双方の戦いに兵士として出征しているばかりか、出征の誇りを胸に秘めつつ、『ペルサイ』という戦利品をアテーナイの市民たちに献上したことになる。先の海戦の八年後のことである。後年（ペロポンネーソス戦争勃発時）行われたペリクレースの有名な戦没者追悼演説はアテーナイ市民たちにポリス共同体の一員としての結束の意識を確認、鼓舞する役割を果たすことになるが(17)、アイスキュロスの『ペルサイ』は、それに約半世紀先立って、共同体意識を鼓舞し、醸成したものと思われる。

舞台はペルシアの都スーサ。すでに先王ダーレイオス亡き後、子息クセルクセースが王位を継ぎ、遠征中である。対話はまず、先王の妃で現王の母（母后）アトッサとコロス（ペルシア人の長老たち）との間で交わされ、次いで使者が登場し、サラミース海戦での敗北の悲報を告げる。

毎晩不吉な夢を見、「気掛かりで心休まる」ことなく、「凶事の兆しを感じる」母后アトッサは長老たち（コロス）に、その不安を打ち明け、助言を求める（161f.: 2, 84f.）[18]。これに対し、彼らはむろん「厄払い」を勧める（217: 2, 87）。さらにアテーナイの兵士たちの戦いぶりに話が及び、母后は問いかける。「民の先頭に立ち、軍を指揮するのは一体何者？」（241: 2, 89）と。長老たち（コロス）は答える。「彼らはいかなる者の奴隷でも、臣下でもないと公言しています」と。「それでどうして外敵に立ち向かえるのか？」といぶかる母后に対して、「それどころか、ダーレイオスの数多の精鋭を撃破したほどです」と長老たちは応じる（241–5: 2, 89）。このように母后の不安がますます膨らんだところへ、使者が登場し、悲報を伝える。

おお、アシアー全土の町々よ
おお、ペルシアの大地、富を集める偉大な港よ
ただの一撃で、この大いなる繁栄が無に帰し
ペルシア人の精華が朽ち果て滅びてしまうとは。

辛いことだが、この私が悪い報せを最初に伝える破目になった。

しかし、受難のすべてを明らかにするのが私のつとめ。

ペルシアの方々、味方の軍勢は全滅しましたぞ。　　　　（249–55: 2, 89）

使者の告げるとおり、「数の上では、明らかに味方の軍船が優勢」で、「ギリシア方の船数はすべて合わせても三〇〇艘あまり」、これに対しペルシア側は「その数、一〇〇〇艘」（338–42: 2, 95）。にもかかわらず、ギリシア水軍がペルシア水軍に大勝したのは、ヘーロドトスの記すところによれば、大海での戦いを余儀なくされる地峡付近で交戦せず、サラミースの「狭い海域で多数の艦船に少数をもって当たる」（『歴史』第八巻五九節：邦訳（岩波文庫）下p. 209）というテミストクレースの作戦が功を奏したということに相違なかろうが、実際に海戦に加わった詩人が強調しようとしたことは、そこで戦ったのが「奴隷」や「臣下」ではなく、自由人たる市民たちだったという点である。ここで、当時の市民たち、とりわけ民主制下のアテーナイ市民たちにとって、「三段櫂船」の漕ぎ手となることこそ、彼らの誇りとするところであったということにわれわれは留意しよう。ただ、さらにわれわれが忘れてならないことは、これと並び、これと匹敵するほどに彼らにとって誇りとなったものがあり、それが「コロス」の一員となって春の大祭にて悲劇競演の舞台に立つことであった。「コロス」の一員となった者は、競演の日まで数か月、ポリス国家の「ディダスカロス」すなわち「教育者」にして「演出家」たる詩人[19]の指揮の下、練習に励むことになり、興味深いことには、この間の兵役は免除されることになっていた[20]。最近（特に九〇年代）の研究の指摘するところによれば[21]、「コロス」として舞台に立つことは、市民たちが民会で行う弁論や法廷で陪審員として評決に加わることと同等の民主政治の具現を意味した。「基本的には観客間の格差のない平等な座席が扇形に舞台を取り巻くディオニューソス劇場の構造は、民会や民衆法廷の場と酷似している。このような舞台と観客席の配置は、平等な市民の視線のもとで複数の演者が優劣を競うという民主制ポリスの意思決定の型を空間的に表現したものにほかならない[22]」。

2　アイスキュロス『縛られたプロメーテウス』

当時のギリシア世界における代表的な民主国家は、言うまでもなく、アッティカのポリス・アテーナイだったが、当ポリスに民主制が出現するまでにはむろん紆余曲折があった。貴族制（王も一貴族であった）から民主制への移行期（前六世紀）、世襲によらず実権を握った権力者によって統治される僭主制という独特の政治体制が介在した。商工業の発達に伴い、有能な個人が富や家来を集め、旧貴族に代わり、「僭主」として支配権を行使したのである[23]。ただ、政治体制の変遷は商工業の発達といった経済的要因のみならず、しばしば武具の改良による軍隊編成の変化といった軍事的要因も大きく与っていた。戦闘形態が戦士貴族たちによる個人戦から、青銅製の小型盾を活用した重装歩兵による集団戦へ、さらには海戦では武器を持たぬ下層市民が三段櫂船の漕ぎ手として活躍し、民主制は中級市民から下層民にまで及び、前五世紀中葉、アテーナイでは、エピアルテースやペリクレースによって民主制は完成を見る。彼らの手によって、若干の役職を除き、最高官職のアルコンまで民衆に開放されるに至ったからである[24]。

もっとも、民主制確立後といえども、民主派と寡頭派との抗争は絶えなかった。双方ともに弱点を抱えており、民主制の場合、プラトーンの民主制批判（『国家』第八巻）に典型的に見られる「衆愚政治」であり、寡頭制の場合のそれは反民主的な独裁であった。周知のとおり、プラトーンの青年期はペロポンネーソス戦敗北直後の寡頭的な三十人政権のテロル政治下にあったが、時代を三、四〇年遡らせ、民主派台頭期に話を戻すとすれば、そこでは、当時を象徴する政治批判劇が舞台にかけられていた。アイスキュロスの手になる悲劇の一つ、人類に火を与えたばかりに業罰を受ける破目に陥った神を主人公にした『縛られたプロメーテウス』である。タイトルを見る限り、それは政治劇には見えず、伝説を題材とした普通の神話劇に見える。すでに触れたとおり、通常、悲劇は伝統的な神話や伝説を題材としつつ、そこに改変が加えられ、工夫が凝らされてドラマ化されたものだった。すこぶる興味深いことは、こうした改変や工夫において、強烈な時局批判を潜ませることもまた悲劇作家の腕の見せ所であり、民衆の導き手、「ディダスカロス（教育者）」としての彼の重要な役割でもあったということである。件のアイスキュロス悲劇は、ヘーシオドスの二大叙事詩『神統記』および『仕事と日』に材を採りつつ、これら神話、伝説を時局批判劇、政治批判劇としてドラマ化されたものだった。上演年代は今日では前四四〇年代もしくは前四三〇年代と推定されている。[25] これまたすでに触れたとおり、悲劇は春の大祭に三部作として上演されたものだったから、当然この作もプロメーテウス三部作の一篇だったことになるが、他の二篇『火を運ぶプロメーテウス』および『解放されるプロメーテウス』は残念なことに散逸し、一部断片が遺るのみである。

さて、ヘーシオドスの両叙事詩にあっては、人間（男）は元々、死への恐れも食を得るための労苦もなく、神々同様の生活を送っていたにもかかわらず、プロメーテウスの浅知恵のために、死すべき身となり、労働・耕作なしに生きる糧を得られなくなったばかりか、女に生気を奪われた挙句、その糧さえ蕩尽されるという悲惨な境涯に落とされる次第が謳われていた。プロメーテウスは牛を屠った際、ゼウスを騙して人間に良いほうの取り分を与える。この謀事《はかりごと》を見抜きながら、ゼウスは騙されたふりをし、火を隠すという報復に出る。そこで今度は、プロメーテウスはゼウスの眼を欺き、火を盗んで人間に与える。このため、プロメーテウスは岩山に鎖でつながれ、日々鷲に肝臓を啄まれるという業罰を受ける破目に陥る。さらには、彼の弟（後になって事を知る愚鈍なエピメーテウス）に人類の禍根となる人類最初の女（すべての〔パンテス〕の神々から様々な贈り物〔ドーラ〕を贈られた美女パンドーラ）が差し向けられ、結果、この女によって、ありとあらゆる悪がこの世に撒き散らかされることにさえなる。人間にはただ「希望」のみが残されて…。今日なお人口に膾炙しているプロメーテウス神話ならびにパンドーラ神話である。[26]

次いでお芝居。芝居は通常、前口上とともに始まる。さてその前口上、それには心憎いものが多々ある。アイスキュロスの『縛られたプロメーテウス』の「プロロゴス」もその一つ。そこでは、口上役として何と「クラトス（権力）」そのものが登場し、[27]冒頭の口上を次のように締めくくる。「神々がお前をプロメーテウスと呼ぶのはお門違いだ。何しろプロメーテイアが必要なのはお前のほうなのだから」（85-86：拙訳）と。この閉め口上、意味深長である。「プロメーテウス」は文字どおりには「メーティス

（知恵）」を「プロ（先）」に有する「先見の明ある者」を意味するが、閉め口上の言わんとするところは、この知恵「プロメーテイア（先知恵、狡知）」も所詮「エピメーテイア（後知恵、浅知恵）」にすぎないということだからである。だからこそ、ヘーシオドスも知に長けたプロメーテウスを賢兄、知に疎いエピメーテウスを愚弟として物語っており、しばしば指摘されるように、これを人間の知恵の両面を表現するもの、「人類そのもののプロトタイプ」[28]を提示するものと見なすことができるであろうが、これに対し、アイスキュロス悲劇の描き出すプロメーテウス像は古来「人間精神そのものの偉大さと崇高さを代表するもの」[29]と見なされてきており、シェリングもこれを「最大の人間の性格の原像にして悲劇の真の原像」（V, 709）と見なすことになる。[30]

その意味するところについては後に考察するとして、ここでは前口上役が「権力」だったことに注目しつつ言えば、これによって、悲劇全体が「権力」をめぐって繰り広げられるドラマであることが巧みに暗示されている。アイスキュロスは当悲劇において、ヘーシオドス叙事詩に謳われている両神話のうち、とりわけプロメーテウス神話を、暴君に対する反逆者、人間の救い主の受難劇へと改変しているからである。叙事詩では正義の体現者、公明正大な主神とされていたゼウスが、「無法に権力を揮い、先代の覇者たちを根絶やしに」（150-1: 2, 14）した「気性の荒い独裁者」（325）、他の王家の娘に懸想し破滅さえさせる暴君、いわば「悪しき僭主」の典型に仕立て上げられ、目下の「僭主の座」の維持如何も、「父親よりも強い子を生むであろう」妻と結婚するという先見を有するプロメーテウスの手に握らせられている（752-68: 2, 51）。そうして、ゼウスがこのような「運命から逃れる手立て」はプロメーテウスを縛《いまし》めから解くことのみとされる（769–770: 2, 51）。

「あまりにいたましい苦難にみな同情して嘆いている」（413–414: 2, 30）とコロスによって謳われる業罰――人里離れた荒野の岩山に鉄鎖で縛りつけられ、来る日も来る日も肝臓を鷲に啄まれるという業罰――これすべて、プロメーテウスのなした「人間贔屓」（11, 26, 125: 2, 4; 5; 12 et pass.）の報いにほかならなかった。彼は、か弱い人間どもに情けをかけ、彼らに、死すべき身ながら死期を知らぬゆえ生きて行ける「盲目の希望」を植えつけ、さらにその上、生活を維持し向上させることのできるすべての技術の大本である「火」を授けたのだった（250, 252: 2, 20）。

英雄の受難・没落を舞台にかけることが悲劇の一つの根本特徴だとすれば、アイスキュロスの悲劇『縛られたプロメーテウス』も、そうした悲劇作品の典型には違いなかろうが、ただその舞台では、事件らしい事件は何一つ起こらず、事態の変化、事の進捗など何一つないまま、ひたすら、縛られたプロメーテウスと彼の義父にあたるオーケアノスやその娘たち（彼女たちが「コロス」の役割を担う）あるいはアルゴス王の娘で、ゼウスの懸想のために牝牛に変えられ虻に刺され続ける哀れなイーオーとの会話を通して、繰り返しゼウスの「僭主」としての「暴虐」ぶりが非難され、こうした暴君を「恐れ憚りもせず」、神の身でありながら、人間を大切に思うあまり、「幾千の辛苦に身を切り刻まれている」（540–3: 2, 38）プロメーテウスの勇敢さが称えられ、苦難に悲嘆の声が挙げられる[31]。

ヘーシオドス叙事詩に謳われていた神話は、アイスキュロスによって、このように根本的に改変されている。正義や秩序といった普遍的な価値（「抽象的な観念」、「思想」）を重んじるアイスキュロスにとっ[32]

ても、ゼウスの正義、公正さは尊重されるべきものであったろう。にもかかわらず、当悲劇では、オリュンポスの主神は一方的に暴君へと貶められている。何ゆえか。この問いに答えるには、当悲劇が上演された時代背景を持ち出す以外に答えようがなかろう。時代は、ホメーロスに謳われた神々の系譜に連なる血縁、世襲による王制から、それによらない独裁的な支配者による統治すなわち僭主制へ、そうしてそれに抗う民主制へと大きく変貌しつつあった。アイスキュロス悲劇における「暴君」批判は、こうした時代のうねり（「アテーナイ民主制興隆期（紀元前五世紀後半）の新しい活気」(33)）ぬきには理解できない。この意味で、ギリシア悲劇においても、演劇は時代を映す鏡にほかならなかった。

3 「人間讃歌」とソフォクレース

先に僭主ペイシストラトスが悲劇をアテーナイの国家行事とし、テスピスが最初の優勝者となったことに触れておいたが（前五三四年）、アテーナイが未曾有の発展を遂げるに至るのは、僭主ペイシストラトスが失脚し（前五一〇年）、民主派が力をつけ始めて後、とりわけ前四六〇年から前四二九年の死に至るまで、ペリクレースが指導者として（うち一五年間にわたり「ストラテーゴス（将軍）」職を務め）アテーナイを指導した時期である。彼はこの時期、優れた軍事力、政治力を発揮したばかりでなく、芸術のパトロンとしても大きな役割を果たした。ペルシア軍によって焼き払われた神殿をパルテノーンの丘に再建したのも彼だった（この折、神殿建築の総監督を務めたのが彫刻家のフェイディアース）。美術史的に見ても、この時期は「クラシック前期」のいわゆる「厳格様式」を脱した「クラッシック盛期」に相当する。(34) またむろん彼は悲劇上演にも力を尽くし、何度も「コレーゴス（上演世話人）」を務めている。「ストラテーゴス（将軍）」としても、「ポイエーテース（悲劇詩人）」としても、彼の盟友だったのがソフォクレースにほかならなかった。どの方面に眼を向けても、この時期は人間が自信に溢れ、文化の花が咲き誇った時期だった。この時期の根本思想を端的に表す言葉を一つ挙げるとすれば、それは、おそらくソフィスト、プロータゴラースの「人間は万物の尺度」ということになろう。この言葉は認識上の基準が人間主観にあるという点のみならず、総じて「人間主義的な楽観主義」[35]を言い表しているからである。こうした観念すなわち「自己の運命の決定権は自分にあるという信念」[36]は、たとえばペリクレースのかの有名な追悼演説にも籠められていたものだった。プロータゴラースはじめ、弁論に長けた多くのソフィストたちやヒッポクラテース派の医家たちの同時代人であるとともに、悲劇詩人たちの同時代人でもあった歴史家トゥーキューディデースは、『戦史』第二巻（第三五―四六節）に、ペロポンネーソス戦争開戦約一年後の冬、祖国のために戦い戦死した兵士たちを国葬する際、ペリクレースが行った追悼演説を記録に留め、われわれに彼がアテーナイの国家体制（民主主義に基づく法治国家体制）と「自由人」としての市民たちの気概と有徳を称えた様子を伝えている。[37]アテーナイの法治国家としての国家体制の成熟と市民たちの「自由人」として自覚、人間としての自信のほどは、「人間讃歌」とわれわれが呼び習わしているソフォクレース悲劇の一つ『アンティゴネー』の第一スタシモンでのコロスの合唱にも凝縮して示されている。

不可思議なるものあまたある中に、
人間にまさって不可思議なものたえてなし。
あるいは冬、吹きすさぶ南風に身をさらしつつ、
山なすうねりのはざまに漂い、
波頭砕ける海原を押し渡る。
あるいは神々の中にもことさらに尊き
不朽の女神、疲れを知らぬ大地に、
来る年も、来る年も、鍬を打ち、
馬の子らを追いつつ、
女神の胸を悩ましまつる。

(332-341: 3, 254-5)

全四連からなる「讃歌」のうち、最初の連では航海術と耕作術が称えられ、続く第二連および第三連では、狩猟術と牛馬の使役術あるいは思考術や政治術、建築術さらには医術まで称えられて後、最後の連では総じて技術的才知の行く末に思いが馳せられる。

まこと技を織りなす
才知は大方の見込みを越えてなお、

時には悪、特には善の道を行く。
国の掟を尊び、神の正義を誓って尊ぶところ
国は栄え、心おごるゆえに
見苦しきをあえて行うところ
国は滅ぶ。
願わくはわが一族のうちに
かかる者なく、
またかかる者が
われらの心の友とならぬよう。

(365–375: 3, 256–7)

引用するには長すぎるゆえ、全文の引用を控えたが、引用を控えた第二連中の語を用いて言えば、ここには「いとも賢き人間」の技術的才知が順に取り上げられ、称えられている。技術的才知リストに上がる項目に違いがありはするものの、これらはすでにアイスキュロスが『縛られたプロメーテウス』においてプロメーテウスに語らせた同リスト(476–506: 2, 34–36)のソフォクレース的再現となっている。ただ重要な相違は、後者にはネガティヴな綾が所々方々に織り込まれている点である。もともとプロメーテウス的文明は、その神話に象徴されるとおり、業罰を伴うものだったのだから、当然とは言え、ソフォクレースによる技術文明の裏面の織り込み方は心憎いほどに巧みである。何よりもまず、「讃歌」

の冒頭――そこでは、「不可思議なるものあまたある中、人間にまさって不可思議なものたえてなし」と歌い出されるが、われわれの採用した邦訳では「不可思議なるもの」と訳されているτὰ δεινά は「恐ろしきもの」とも「巧みなるもの」とも訳しうる両義性を含んだ語であり(38)、詩人は冒頭に暗示したこの両義性を歌い進むにつれ、徐々にそれを明示してゆく。第一連の耕作術では「女神の胸を悩ましまつる」、第二連の使役術では「軛《くびき》をつけて使役する者、人間」、第三連の医術では、「案じえざるは、ただ一つ、死を逃れる道ならん」。そうして第四連、最終連では総二重唱。そこでは、「技を織りなす才知」の表裏は「時には悪、時には善の道を行く」と総括され、それが「国の掟」と「神の正義」においても言えることが強調される。

『アンティゴネー』の初演は、今日、前四四一年と推定されているが、ある伝承(当作に付された「ヒュポテシス(古伝概説)」)によれば、この功によりソフォクレースは「ストラテーゴス(将軍)」に選ばれたとされている(39)。悲劇と政治との興味深い関連を物語る伝承である。彼の生きた時代は、ほぼ前五世紀の全体を覆っており、ペルシア戦争後、デーロス同盟の盟主として、また通商の中心地として、あるいは史上に稀有な民主国として、ポリス・アテーナイが未曾有の繁栄を誇りつつ、その帝国主義化のために、ペロポンネーソス戦争に突入するに至った時期(前四三一年)と重なっており、彼はこうした時期に、デーロス同盟の財務長官を務め(前四四三―四四二年)、またサモス遠征においては、ペリクレースとともに将軍に選出され(前四四一年)、出征したばかりか(前四四〇年)、ペロポンネーソス戦中のシケリアー遠征直後の危機にあっても最高参議官に就任するなど、指導的市民として活躍している。ポリスの「ディダスカロス（教育者）」たる詩人としての活躍も含め、彼が市民たちの尊敬を集めていたことは想像に難くない(40)。

4　ソフォクレース『オイディプース王』、『コローノスのオイディプース』、『アンティゴネー』

先にわれわれはソフォクレース悲劇の一つ『アンティゴネー』のいわゆる「人間讃歌」（第一スタシモン）に注目したが、九〇年に及ぶ長い生涯においてソフォクレースは一二〇篇の作品を上演したと伝えられるが、残念なことに残存作品はわずか七篇にすぎず、『アンティゴネー』は残存作品中では初期作品に属する(41)。彼はテーバイのラブダコス王家にまつわる悲劇を当作のみで終わらせず、その後も関連作品を作り続けるが、それらがかの有名な『オイディプース王』や『コローノスのオイディプース』である。これらは上演年代もまちまち（前者は前四二九－四二五年頃、後者は没後の前四〇一年）であり、独立の作品なのだが、一種の「トリロギー（三部作）(42)」風に、小見出しに掲げた順にその内容を見て行こう。また、このように扱うと、最後に取り上げる作が女性をヒロインとした作となるため、次に見るエウリーピデースの『エーレクトラー』にうまくつながる点でも好都合なのである。

さて、ソフォクレースの手になる『オイディプース王』は、その上演時期（前四二九－二五年頃）から、舞台上でのオイディプースという名君、賢王の破滅の姿に、当時のアテーナイ市民たちが彼らの偉大な指導者ペリクレースの疫病による突然の死（前四二九年）を重ねたことであろうと推測される(43)。ただし、すでに触れたとおり、悲劇は神話や伝説を題材とするのが常道ゆえ、当作もまた既存の伝説（ホメーロスの叙事詩）を承けつつ、それに様々な工夫、改変を加えてなったものである。(44) まずは芝居が始まる以前の話から。

　テーバイの先王ラーイオスには、「わが子の手によって果てるであろう」という神託が下されていたのだが、王はわが子を儲けてしまう。そこで彼は生まれて三日とたたぬ嬰児を、キタイローンの山中に捨てるよう羊飼いに命じる。羊飼いは嬰児を哀れに思い、助けてしまう。結果、彼は隣国コリントスの王子として成長することになる。長じて、彼にもある神託が下されていることを知る。それは「父を殺し、母と通じる」という恐るべきものだった。出生の秘密を知らぬ彼は、神託の実現を避けるべく「故国」を捨て、旅に出る。旅の途中、とある三叉路にて、老人一行と争いになり、御付の者どものみならず老人まで殺めてしまう。ただこの折、お供の者一人のみ命拾いをし、逃げ帰る。オイディプースはさらに旅を続け、テーバイの国にさしかかったところ、国人たちがスフィンクスの餌食になっており、そこでこれを退治し、彼は救国の英雄として、ラーイオス王亡き後空位となっていた王位に就き、先王の妃イオカステー（母）を王妃として娶る。

　以上において、オイディプースに下されていた神託はことごとく実現してしまっている。彼にとって、三叉路での争いにおいて殺めた老人とは実父にほかならず、テーバイの王位に就き、娶った王妃は実母にほかならなかったからである。しかしながら、これらはすべて、芝居が始まるまでに起こってしまっていた。アリストテレースの言葉を借りて言えば、これらはすべて「筋の外」での出来事なのである。後にも触れるとおり、彼によれば、「不合理」なことは「筋の外」に置かれねばならないとされる（第二四章)。ともあれ、芝居、舞台は、すでにテーバイの王となっているオイディプース王に対して、神官はじめ民衆が、自分たちの苦難を救ってくれるよう嘆願する場面から始まる。当時、飢饉が起こり、疫病が蔓延し、民衆が苦しんでいたためである。そこで義弟クレオーンをデルフォイ神殿に派遣したところ、「先王殺しの下手人を見つけ出し、然るべき処置をせよ」とのお告げを彼は持ち帰ったため、王は、民衆の苦難を救済すべく、下手人探しを行った結果、自身が下手人そのものであったことが判明する。これを知って、王妃(実母)は縊死、王は王妃の衣服の留め金で両眼を刺し貫き、穢れた盲者として義弟の審判を待つ身に成り果てる。

ソフォクレースの悲劇『オイディプース王』は、一面のみを単純化して言えば、「神託の実現劇」でしかなく、この点で、今日のわれわれには違和感も強く、理不尽にすら感じられる古色蒼然たる演劇ということになろう。[45] にもかかわらず、当悲劇は今日なお繰り返し上演され続けている。なぜであろうか。それは、後に強調するとおり、そこに、過酷な運命に陥りながら、それと真っ向から対峙し、苦悩する人間の姿が描き出されているからであろう。ちなみに、ホメーロス(『イーリアス』第二三巻、『オデュッセイア』第一一巻)では、オイディプースは真相発覚後もテーバイを治め続け、最後に戦死し、王として丁重に埋葬されることになっている。ソフォクレースは、ホメーロスに謳われている伝説ではなく、後年の他の伝説に従って、オイディプースを「悲しみの人」として巧みにドラマ化したのであり、[46] 後にわれわれも注目するとおり、たとえばアリストテレース(『詩学』第一一章)によって、これが、事態、真相の「アナグノーリシス(認知)」と同時に「ペリペテイア(逆転)」を生じさせているという点で、悲劇として最も優れたものの一つとして称賛されることにもなる。

前四二九－四二五年頃に上演されたと推定される、この悲劇は二等を受賞したことが分かっている。すでに記したとおり、悲劇は大ディオニューシア祭のコンテストとして上演されたのであり、受賞は作家にとってももちろんのこと、コレーゴス（上演世話人）にとっても大きな誉れであった。すでに触れたとおり、当時優れた指導者としてアテーナイ国家を率いていたペリクレースも何度もコレーゴスを務めていたが、『オイディプース王』上演時には、彼はすでに没していた。この折はすでにギリシア世界がアテーナイ同盟諸国と、アテーナイの帝国主義的拡張を阻止しようとしたスパルタ同盟諸国との二手に分かれて争う、かのペロポンネーソス戦争が勃発しており、戦争勃発当初、彼自身が立てた「籠城戦」という作戦そのものの犠牲となっていた。アテーナイの市街地に人口が集中し、ために疫病が流行し、彼はそれにかかり命を落とす破目になったのだった（前四二九年）。その後、優れた指導者を失ったアテーナイは扇動政治家の跋扈する衆愚政治に陥り、ついにペロポンネーソス戦争に敗北する（前四〇四年）。

ソフォクレースの他界もほぼこれに重なる。彼は敗戦の二年前（前四〇六年）に『コロー ノスのオイディプース』という作品を遺して世を去る。それは、何とオイディプースの最期を描いたものだった。遺作の描くところによれば、オイディプースは、長い年月「血に穢れた者」として、「食にもこと欠き、履物もないまま、荒々しい森をさまよい、幾たびとなく、大雨や灼熱の日射しに苦しみながら」（349-350: 3, 131）、ようやく「旅路の果ての地」（88: 3, 114）に辿り着く。しかも、土地の者たちが「恵み深い女神たち（エウメニデス）」（42: 3, 110）と呼ぶ女神たちの神域に。「エウメニデス（恵み深い女神たち）」とは、もとを糾せば、「エリーニュエス（復讐の女神たち）」が名を代えたもの。彼女たちは、手に松明と鞭を持ち、「血に穢れた者」を嗅ぎつけ、とことん追いつめ、狂い死にさえさせる恐るべき女神たち。先輩詩人アイスキュロスがオレステイア（オレステース三部作）に描いたとおり、父が母によって暗殺され（『アガメムノーン』）、ために、その仇を討ったオレステースを追い回したのも、かの女神たち（『エリーニュエス』）。ただ、彼は逃れた先、アテーナイのアレイオスパゴースの法廷にて罪許され、その折、かの女神たち「エリーニュエス」は「エウメニデス」と呼び代えられ、アテーナイ北西郊外のコローノスの森に祀られた（『エウメニデス』）。盲目老残のオイディプースが放浪の末に辿り着いたのは、まさに、この神域。ここここそ、彼の「苦しみを忍ぶ人生」を終えるべきところ（91: 3, 114）。彼に対して、神ポイボス（＝アポローン）は、「かの禍いに満ちた運命を予言したもうた時」、もう一つの予言を与えていた。彼が「長い年月の後、旅路の果ての地……恐れかしこむべき女神たちの御座所と客人を迎える宿を見出すであろう」（88-90: 3, 114）と。

オイディプースが被った過酷な運命とは、父親殺害と母子相姦という震撼すべき凶事。詩人ソフォクレースは、オイディプースの悲運を、「コロス（コローノスの老人たち）」に次のように歌わせている。

生まれて来ぬが最善。
この世に出《いで》しからは、
疾《と》く出所《でどころ》に帰るが

次善というもの。（1224-1227：拙訳）

人間としてこの上なく過酷な運命を強いられ、コローノスの長老たちをこれほどまでに嘆かせるオイディプースは、しかしながら、最期には「人間の身からそれを超えた偉大なる者」[48]すなわち「神に呼ばわる」[47]者として昇天する（1625ff.: 3, 212f.）。彼は他の英雄たちとは異なって「不死の生命と威力」[49]を与えられるのである。しかも、彼による昇天の地の選択は、彼を快く受け入れたテーセウスの治める地「アテーナイに報い」、彼を追放した息子たちの地「テーバイを罰すること」を意味した。[50]ソフォクレースが自身の死期を予感したか否か、われわれは確かめようがないが、彼の死後上演されることになる遺作『コローノスのオイディプース』には、あたかも作者の遺言の如く、アテーナイの安寧への祈りが籠められているとわれわれは解してよかろう。

にもかかわらず、ソフォクレースの祈りも空しく、アテーナイの安寧はもろくも崩れ去る。これまたすでに触れたとおり、実際、彼の没した二年後の前四〇四年、アテーナイはペロポンネーソス戦争に敗北する。こちらはアテーナイではなく、テーバイながら、彼は、遺作、それに『オイディプース王』にも先立って、テーバイ王家（ラブダコス家）の崩壊をドラマ化していた。これぞ、前四四一年に上演されたと推定される『アンティゴネー』にほかならなかった。

『オイディプース王』にも描かれた数奇の運命に操られ、テーバイの王となったオイディプースは先王の王妃でもあり、彼にとっては実母でもあったイオカステーと結婚し、それと知らぬまま二人の息子エテオクレースとポリュネイケース、二人の娘アンティゴネーとイスメーネーとを儲ける。『アンティゴネー』に描かれるのは、オイディプース王の死後、王家を襲うことになる悲運であった。王の死後、不運にも二人の跡継ぎ息子たちは王位をめぐって争い、双方とも討ち死にする。そのため王位に就いた彼らの叔父クレオーンは、テーバイを防衛しようとして果てたエテオクレースの亡骸は手厚く葬りながら、反乱者としてテーバイに攻め入ろうとしたポリュネイケースの埋葬は禁じ、亡骸を放置せよと布告する。この布告、禁令に背いて、長女のアンティゴネーは、埋葬の誘いに応じない妹イスメーネーを尻目に、一人果敢に兄ポリュネイケースの遺体に然るべき葬礼の儀を施して囚われ、地下の穴倉に曳かれ行き、そこで縊死する。

現王クレオーンによる自身の姪に対する断罪は子息ハイモーンのみならず、王妃にまで禍をもたらす。アンティゴネーは彼の子息の許嫁だったからである。ハイモーンは父親による許嫁の断罪に抗議し、両親に刃を向け、母親である王妃はその折受けた傷により落命、刃を逃れた王は、目の前で自刃した息子の躯《むくろ》に対面するとともに、王妃の訃報をも耳にする悲運に見舞われる。

周知のとおり、このように描き出された悲劇を、後年（一八〇七年）、ドイツの哲学者ヘーゲル（『精神現象学』第Ⅵ章「精神」[51]）は「人間の掟」（国家的共同体の法）と「神々の掟」（自然的共同体・家族の法）との対立および前者に生きる兄弟（男性）と後者に生きる姉妹（女性）との対立の悲劇と捉え、こうした対立が克服される過程として自身の共同体論を構築することになるが、つぶさに見てみると、このような捉え方はむしろアイスキュロスのオレステイア（オレステース三部作）とりわけその第三部『エウメニデス』

にこそふさわしいことが分かる。けだし、そこでは、エリーニュエスとアポローンとの対決という形で、親子という家族的血縁関係とポリスという国家的共同体関係との相克が描き出され、最終的に両者の和解の末、後者の優位が打ち建てられていたからである。この限りにおいて、『アンティゴネー』は『オレステイア』が終わったところから始まっていると言ってよかろう。[52] われわれがあえて遺作を介在させて後、成立時期を逆転させてまで初期作品を最後に見ることにしたのは、すでに触れたとおり、異なった女性像を描くものとして、ソフォクレース『アンティゴネー』のそれに関する考察に、エウリーピデース『エレークトラー』のそれに関する考察をつなげるためである。

ともあれ、件の対立はソフォクレース悲劇にあっては、クレオーン（権力を振りかざす王、女をねじ伏せようとする横暴な男）とアンティゴネー（彼の姪ながら、オイディプース王の娘として誇り高い気丈な女性）との対立に収斂されており、それが数々の対決（「アゴーン」）の名場面を生み出している。

たとえば第二エペイソディオンでの対決の場（441-525: 3, 261-7）。そこでは、「そなたは、かようなこと、してはならぬと触れてあったことを承知しておったのかおらなかったのか」と詰問するクレオーンに対して、アンティゴネーは堂々と「存じておりました」と答えるばかりか、その理由として「人間の掟」に対する「神々の掟」の優位を挙げる。「殿様のお触れと申しても、殿様も所詮死すべき人の身ならば……確固不抜の神々の掟に優先するものではないと、そう考えたのです」と。その上、彼女は何と「寿命が尽きる前に死ぬ」ことを容認しさえする。「数々の難儀を生きる」彼女にとって、それは「得をする」ことを意味したからである。ここに「数々の難儀」とは、凶事に見舞われた両親の下に生を享けたこと、また両親の死後、王位をめぐって兄弟が相争い、ともに討ち果てる不幸を眼前にせざるをえなかったばかりか、王位に就いた叔父によって兄を葬ることすら禁じられ、「父親譲り」の「激しい気性」ゆえに、その禁を犯さざるをえなかったことなどである。「数々の難儀」を背負う身には、生を終えることのほうが生き長らえるより幸福なことにほかならなかった。

わが国の悲劇研究家、川島重成はここに「オイディプースの娘としての自覚[53]」を見ている。さらに彼は、「一方は国を滅さんとした、一方は国のために敢然と戦ったのだぞ」(クレオーン)、「でも冥府の神様は、兄弟に同じ掟をお望みです」(アンティゴネー)などといった一連の白熱した「スティコミューティアー(一行対話)」から(508ff.: 3, 266f.)、先に挙げたヘーゲルの理解を超えると見なす解釈——対立を「新旧の政治理念の対立ではなく、宗教と政治、ハーデースとポリス、死と生のそれ[54]」と見なす解釈——をも提示する。彼は特に「オイディプースの娘としての彼女固有の愛、死を内包する愛[55]」に注目することによって、このような解釈を提示している。確かに続く「一行対話」において、「敵というものは、死んだあとでも敵のままよ」と執拗に翻意を迫るクレオーンに対して、アンティゴネーは「私は憎しみ合うようには生まれついておりません。愛し合うだけです」と応じている。この応答に対してはクレオーンも次のような雑言を浴びせるほか、致し方なくなる。「愛し合わねばならんと申すなら、あの世へ行って亡者どもを愛すればよかろう。余の目の黒いうちは、女の思うようにはさせぬぞ」と。この捨て台詞をもって、二人の対決の場面も終結する。自身の運命を自覚し、死をも恐れず敢然と初心を貫徹するアンティゴネーの姿に、われわれはシュレーゲルとともに、「最純なる女性のヒロイズム[56]」を見ることができるであろう。次にわれわれの見るエウリーピデースの『エーレクトラー』に登場する女性像はこれとは似て非なるものである。

5　エウリーピデース『エーレクトラー』

ソフォクレースが没したのと同じペロポンネーソス戦争敗戦の二年前（前四〇六年）にもう一人の悲劇詩人エウリーピデースも他界している。彼はソフォクレースより一〇歳年少でありながら、彼よりわずかに早く亡くなったが、多くの人気悲劇をアテーナイ市民たちに提供し続けた。もっとも、彼に対する後年の評価はまちまちであるばかりか、正反対であることすらしばしばである。たとえば、「合理主義者あるいは非合理主義者、ソフィスト的啓蒙家あるいはソフィスト批判者、ソークラテースの徒あるいは反ソークラテース主義者、現実主義者あるいは神秘家、空想家、ペシミストあるいはロマンティスト、女性嫌いあるいは女性の代弁者、愛国主義者あるいは非政治的、現実逃避の個人主義者等々[57]」。同時代を生きたソフォクレースも、自分とエウリーピデースとを比較して、「自分は人間をあるべきように描くが、エウリーピデースはあるがままに描く」（アリストテレース『詩学』1460b）と言っているが、「あるがままに」描いたとはいえ、それが、見る人によっては様々に見えてしまうということであろうか。

ともあれ、「あるがままに描く」とは、どのようなものか。紙幅の関係上、一作品のみを、かつ女性を主人公とした諸作品の中から一作品を選び、それに即して、この問題を見ておこう。たとえば『エーレクトラー』――この作品は、エーレクトラーを主人公とする同名の作品をソフォクレースも作劇しているばかりか、アイスキュロスのオレステイア（オレステース三部作）の第二部にも、彼女がオレステースの姉ゆえ、当然登場していたからである。以下の考察の前提として、まずは復讐、仇討の連鎖を確認しておこう。

トロイアー戦争におけるギリシア軍の総大将アガメムノーンは、戦線膠着に直面した際、娘イフィゲーネイアを犠牲に供することで打開を図り、その結果、イリオーンを落とし、故国に凱旋するが、情夫アイギストスと結託した妻クリュタイムメーストラーによって暗殺される。娘殺害に対する母親としての復讐の「正義」の実行、仇討であった。これに対し、今度は父親を討たれた息子のオレステースが母親を殺害。これもまた、身内による復讐の実行、仇討にほかならなかった。両者ともに身内によって実行されたという点で共通しているものの、前者が妻による夫殺しだったのに対して、後者が息子（血を分け、養われた肉身）による母殺しである点に相違が見られる。前者を主題としたアイスキュロスのオレステイア第一部『アガメムノーン』では、復讐が用意周到に準備され、躊躇なく大胆非情に実行される様が赤裸々に描き出される[58]。これは、クリュタイムメーストラーにとって「悲願成就」（1387: 1. 91）、「私の手柄」（1420: 1. 93）であるばかりでなく、「正義の匠が、勝ちえた実」（1406: 1. 92）以外の何ものでもなかった。クリュタイムメーストラーのこうした冷酷非情さは「黄泉の国の女司祭[59]」のそれに準《なぞら》えられるほどである。

次いで、息子による母殺しを主題とした同三部作の第二部『コエーフォロイ（供養する女たち[60]）』では、アガメムノーンの遺児オレステースは自身の母親の命乞いに一瞬躊躇を見せながらも、それが当然の報いだという因果を含めて仇討を果たす[61]。彼にとっても、それは「正義」の実行にほかならなかった。同三部作の第三部『エウメニデス（慈しみの女神たち）』において、裁かれるべく引き出された法廷でも、彼は自身に「血の穢れはない」（446: 1, 226）、「生みの親を殺害した」ことを「わが最愛の父の死に対する仇討だった」（463-4: 1, 227）と主張することになる。

さて、問題のエーレクトラー。アイスキュロス（『コエーフォロイ』）によって描かれた彼女は苦節八年の末に仇を討ちに帰ってくる弟をひたすら待つだけの受動的存在にすぎなかったが、ソフォクレース（『エーレクトラー』）にあっては、彼女はイフィゲーネイアの犠牲はギリシア軍のために「やむなく」（574: 4, 221）なされたこととして、父親の行為を弁護し、彼を殺害した母親の卑劣さを非難する積極性を見せ、母親に反抗する娘として描かれる。これによって、アイスキュロスの場合には描かれなかった母と娘との「アゴーン（争論）」の場が出現する。娘のこうした非難や、あるいは亡き父への悲嘆に対して、母親クリュタイムメーストラーは「罵詈雑言を浴びせ」（288: 4, 203）、さらには「穴倉のような牢獄に閉じ込める」（381-2: 4, 208）とまで言い、どこまでも反論する娘を恫喝するばかりか、「暴力を振るうし、冷遇もするし、あらゆる酷いこともする」始末（1196: 4, 262）。このような彼女は「母と呼ばれる」ものの、「母の名に値するところなど何一つない人」（1194: 4, 262）と化してしまっている。彼女は、言うなれば、アイスキュロスが描き出した「地下の怨念に満ちた女司祭の姿よりも地上の権力者としての色彩を色濃く帯びている姿」へと「変容」を遂げている[62]。

エウリーピデース（『エーレクトラー』）ともなれば、ソフォクレースの造形した非情な権力者も、今度は、情に脆い普通の母親へとさらに変質させられる。娘はと言うと、彼女はソフォクレースの場合と同じく、復讐を誓う者だが、母親に対し嫉妬と憎悪を燃やすという別の様相を呈する。第三の詩人は、その根拠の提示を、片田舎の貧しい農夫フィラーデスの妻として貧窮生活を送る娘という、まったく新しい状況設定、場面設定によって果たしている。彼はさらに、王妃である母親を、贅を尽くした王宮から襤褸《ぼろ》をまとう娘の荒《あば》ら屋に移動させて、「争論」と「復讐」の場を設定する。母親は娘が「男の子を生んで床についている」(653: 7, 257) という偽の報らせを受け、それが娘の策略とも知らず、母親としての情にほだされて彼女のもとを訪れ、息子オレステースの手によって討ち果たされる。その直前での「争論」における母親クリュタイムメーストラーによる夫殺しに関する抗弁は、彼によってなされたイフィゲーネイアの犠牲がギリシア全軍や国家のためではなく、裏切り女へレネーたちのためだったばかりか、彼は「神憑りの娘〔カッサンドラー〕を連れ帰り、……寝床に引き入れ、同じ館に同時に二人の妻を住まわせた」というものだった (1023-34: 7, 284)。クリュタイムメーストラーはさらに、アイギストスと情を通じた言い訳として、「女の弱さ」を挙げさえする。

それに、女は軽薄で誘惑に弱いもので、わたしもそれを否定しない。
だから、こういう素地のあるところに、夫が他の女と過ちを犯し、
妻をないがしろにすれば、妻も夫の真似をし、別の愛人を持ちたくなるものだ。 (1035-8: 7, 285)

彼女はさらに不平不満をもらしつつ、殺害理由を告げる。不公平にも非難は女に向けられるばかりで、そのもとをつくった男に向けられない。「どうしてお前の父親はあんなことができたのだろう。そして私の娘を殺したあの人が殺されないで、わたしがあの人にくるしめられねばならないのだろうか。……だから、私はあの人を殺した。わたしはわたしの行ける道、あの人の敵になったのだ」(1043-47: 7, 285)。

クリュタイムメーストラーによる、以上のような抗弁に見られるとおり、仇討という「正義」の実現、英雄的行為、誉れが、ここでは、痴情のもつれによる私怨の発露、悲しい女の性ゆえの凶行に変質してしまっている(63)。こうなってしまっては、娘のエーレクトラーも「お母様、あなたがもっと良い心がけの人だったらよかったのに」(1061: 7, 286) といった類いの恨み言をつぶやくほか仕様がなくなる。

6　アイスキュロスとエウリーピデースの競演(アリストファネース『蛙』)

アイスキュロスからエウリーピデースへ。悲劇として描き出される世界が、偉大な英雄たちの伝説世界から、まったくの別世界、日常世界に様変わりしてしまっている。ソフォクレース、エウリーピデースに遅れること約半世紀余、人気喜劇作家アリストファネースが登場する。興味深いことに、彼はその作品の一つ『蛙』(前四〇五年) の舞台上で、アイスキュロスとエウリーピデースとを競演、直接対決させている(64)。

エウリーピデースがアイスキュロスを批判して言うには、「彼ははじめは勿体ぶる」、そうしておいておもむろに「好き放題な句をものし、……ものものしい詩句を束ねる」(833-839: 3, 265)。これに対してアイスキュロスは、「何だと、女神の子よ、畑の女神の?」とエウリーピデースの出自（野菜売りの息子）をあげつらい、「駄弁の収集者め」と彼を罵倒する（840–841: 3. 265.）。詰り合いが続く中、エウリーピデースはさらに先輩詩人を批判して、自身の作の利点が彼の荘重大仰な作風の改良、いわば贅肉のダイエットにあると強調する。「お前から、大仰な重ったるい文句で膨れ上がった技を受け継ぐと、すぐに、まず軽い句や散歩や白ビートを用い、書物から濾し取った饒舌の汁を与えて、減量させ、細身にした」（939–933: 3. 273）と。その上、自身の劇では「妻も奴隷も負けずに話し、主人も、乙女も、老婆も、対等」と、その「民主主義的」で「家庭的」な作風の民衆的効用まで持ち出す。ここに両者の相違は極まり、若輩詩人に軍配が傾きかけたところで、ディオニューソスとともに両者の調停役を務めるコロスの長が、「さあ、ギリシアで初めて荘重な詩句を聳えさせ、悲劇のおしゃべりを飾り上げた男よ」と老詩人に呼びかけ、彼の反論を促す。

老詩人が反論して言うには、彼は戦意高揚に貢献した。『テーバイ攻めの七将』然り、『ペルサイ』然り。わたしは「パトロクロスのような、ライオンの心のテウクロスのような男の武勇を数々描いたのだ。それは市民たちが喇叭の音を聞くごとに、彼らに負けじと勇み立つようにするためだ。だが、ゼウスにかけて、わたしがファイドラーやステネボイアのような娼婦たちを描いたことは全然ない」（1040–1043: 3. 280）。気概を重んずる誇り高き老詩人にとって、女々しきことども・秘め事、善からぬことども・悪事は人目に触れさせるべきことではなく、ましてや、「舞台に乗せ、教えてはならない」ことだった（1055: 3. 281）。「なぜなら、小児にとってはものごとを説き示す者が先生となるが、成人にとっては詩人がそれなのだ。われわれは断じてよいことを語らねばならない」のだから（1065–1067: 3, 281f.）。アイスキュロスが自負し、主張するところによれば、詩人とは市民を善導すべき教師にほかならなかった。善きことだけを語ることによって人々を善導できると考えるのは、人の世につきものの汚濁を甘く見すぎる道学者の楽観としか評しようがなかろうし、フィクションはすべて絵空事、嘘にすぎないと考えるのも、芸術を解さぬ朴念仁ということになろうか。文才に長けたプラトーンが『国家』第一〇巻で、詩人（悲劇作家）の語りは画家による模倣同様、真実から離れたもののゆえ、詩人は彼が理想とする国家から追放されねばならないと主張するに至ったのは、何かの皮肉であろうか。(65)――悲劇の世界を紹介しようとした本章の考察を閉じるにあたり、最後に、悲劇に関するある興味深いテーゼを掲げるとしよう。ゴルギアース（プラトーン『ゴルギアース』では、ソークラテースにやりこめられることになる弁論術の大家）の次のテーゼ(66)である。

欺く者は欺かれない者よりも正しく、欺かれる者は欺かれない者よりも賢明だ。

このテーゼに、オクスフォードの古典学者タプリンは、「ゴルギアース一流の調和の取れたパラドクス」（悲劇は観客を欺くことによって、彼らに正義と知恵を付与するというパラドクス）を認め、それがプラトーンの詩人批判、悲劇批判に対する「鋭い返答」たりえていると見なしている。(67)

むすびにかえて――悲劇の詩学から悲劇の哲学へ

ここで時代を超え、古代世界から近代世界に眼を移してみよう。われわれはそこでもなおギリシア悲劇が息づいていることを目撃するであろう。むろん、形を変えたものとして。たとえばイタリアでは、ルネサンスも終わりがけ、一六〇〇年前後にオペラが誕生するが、これを創出したフィレンツェの「カメラータ」たちにとって、それはギリシア悲劇再興の試みにほかならなかった[68]。あるいは、フランスでは一七世紀、いわゆる「古典主義演劇」が興り、次の世紀、ドイツでもいわゆる「市民悲劇」運動がそれに続くが、これらいずれもギリシア悲劇を範とするものにほかならなかった。「ギリシア悲劇の世界」がおおよそどのようなものであったかは上に紹介した。本書の主題との関連からなお紹介すべきは「ドイツ市民悲劇」であろう。これは以下の諸論中、然るべき箇所（シェリングの悲劇論について論ずる第五章）に一節を加え、そこで試みる。

本書には「悲劇の哲学」というタイトルが掲げられている。本書にこのようなタイトルを掲げたのは、シェリングが悲劇を、作劇技法としての伝統的な「詩学」の問題としてではなく、「哲学」の問題として、とりわけ人間における自由の問題を解くための鍵として扱ったためである。シェリングが哲学に取り組み始めた当時、彼には客体に徹しつつ自由を論じたスピノザの哲学（いわゆる「独断論」）と主体に徹しつつ自由を論じたカントの哲学（いわゆる「批判主義」）とが相対峙しているように見えた。このような状況に直面した若きシェリングは、思案の末、古代ギリシアの悲劇が描き出す英雄像がこうした問題を解決するための突破口となりうると考えるに至る。

第一部では、哲学の中心問題が「自由」の問題であることを明確に宣言した『自我論』（一七九五年）およびその問題の解決策がギリシア悲劇の英雄像に見出しうることを初めて打ち出した『哲学書簡』（一七九五－九六年）に定位しつつ、シェリング初期哲学の開始期の姿を浮き彫りにする。その作業は哲学の領域のみでは収まらず（第二章）、片や神学（第一章）、片や芸術（第三章）にも及ぶことになろう。まずは神学から。

第一部　自由の哲学と悲劇

第一章　革命と神学

――『哲学書簡』前半部（一七九五年）――

一　道徳的信仰と歴史的信仰――正統派神学批判

歴史は皮肉に次ぐ皮肉、皮肉という糸で織り上げられたタピスリーのようなものかもしれない。史上様々な図柄のタピスリーのうち、一六世紀にドイツで起きた騒擾、激震の織りなす柄はその「恰好の見本」、「典型」と言ってよいものであろう。

アウグスティーヌス修道会の一修道士の掲げた信仰覚醒（福音信仰への復帰）と「キリスト者の自由」標榜の烽火は、農奴制の廃止や農村共同体の裁判権を要求する農民一揆（かの「農民戦争」）、さらには新旧勢力間の軍事対決（カッペル戦争とシュマルカルデン戦争）という大火となって燃え広がり、結果、cujus regio, ejus religio（領土の支配者が領土の宗教を決定する）という仕方で鎮火が図られるに至る（一五五五年のアウグスブルクの宗教和議）。「大山鳴動して鼠一匹」ならまだしも、「大山鳴動して鼠百匹」とでも言おうか。火付け役本人が火消（弾圧君主）側に回るという一幕さえ演じられた一連の騒擾は、農民、民衆をつないでいた軛《くびき》、旧秩序を克服するどころか、かえってそれを分割、細分化し、固定化させるという何とも皮肉な結末をもたらした。(1)「宗教改革の国家管理」、「領邦教会制」の成立である。

あるフランスの歴史家はこうした事態を招いた張本人を次のように皮肉っている。「全くルターという坊主の態度ほどドイツ史の一切をよく説明するものはあるまい。彼はまずキリスト者の神と交わるべき完全な自由を要求したにもかかわらず、やがてはドイツの民衆を領邦諸国の狭い枠に閉じ込め、権威の軛につないだ(2)」と。このようなルターの「二律背反(3)」は、事もあろうに聖書解釈の領域にまで及ぶに至る。そこでは聖書（霊感によって記された「神の言」）は、新たに誕生したルター派教会の教義の正統性を「証明する言葉 dicta probantia」にすり替わってしまう（「逐語霊感説(4)」）。スイスで宗教改革を遂行し、フランス、オランダ、スコットランドに広まっていたカルヴァン派（改革派教会）との区別の必要から、ルター没後（一五四六年以降）、ルター派教会内に教義の明確化の動きが起こり、それが「一致信条」（一五七七年）に結実し、ルター派 Orthodoxie（正統主義）の神学が確立することになる(5)。

皮肉が皮肉を呼ぶとは、このことか。こうして史上に出現したプロテスタンティズム、そのドイツ的形態であるルター派神学そのものも、その後の聖書批判の進展によってその内部に逆に「危機(6)」を抱えることになる。ミヒャエリスやエルネスティ、ゼムラーらの試みを嚆矢として一八世紀半ばに始まるドイツにおける啓蒙理性的な原典批評の試み（「ネオロギー」）は、以後数々の同種の試みを誘発し、それらは当然、伝統的な啓示神学の聖書解釈と衝突するに至る(7)。「キリスト教的伝統と啓蒙理性、教養間の論争は、一七九〇年前後には神学そのものの只中でたけなわであった(8)」。この頃のテュービンゲンのシュティフト（神学院(9)）におけるシュヌラーらによる試みとそれに対するシュトルらの反撃もその一つであった。一七七七年から一八〇六年までシュティフトで教鞭を執ったシュヌラーの歴史的批判的な聖書解釈に関する講義は、そこで学ぶ神学生たちに強烈な感化を及ぼし、彼らの手になるきわめてラディカルな聖書解釈を産み出した(10)。たとえばシェリングの学士論文『悪の起源論（「創世記第三章における人間的悪の最初の起源に関する最古の哲理を批判的かつ哲学的に解釈する試み」）』（一七九二年）はシュヌラーの下で書かれている(11)。一方、一七八六年から九七年まで同じシュティフトで教鞭を執ったシュトル（弟子のフラットがその後任、一七九八－一八〇四年在職）は、シュヌラーによって揺るがされた正統派神学の建直しをはかる(12)。

シュトルは従来のザルトーリウスの教義学に代わる新たな教義学を著し、一七九三年にはそれがシュティフトの正式の教科書になったばかりか(13)、「後にはヴュルテンベルクの牧師たちにとって必修の教科書」ともなった(14)。また、彼はシュティフトの神学生たちに（「ネオロギー」と並んで）多大な影響を与えていたカントの批判哲学、宗教哲学さえ、正統派神学（「超自然主義 Übernaturalismus」）に取り込んでみせる。『カントの哲学的宗教論に関する評注』である。初め一七九三年にラテン語で出版されたこの書は、さらに翌年、彼の弟子ズュースキントによって「ドイツ語に翻訳され、かつ啓示が可能であることを確信する根拠に関する若干の注解が付加されて」再刊されるに至る(15)。当『評注』の中で、彼は（弟子のズュースキントとともに）㈠カントの合理神学批判にもかかわらず、神の存在が「超自然的事実」であること、また、㈡幸福が徳の報酬であることを喧伝しようとする。[16]

㈠「私は信仰に席を確保するために、知識を廃棄しなければならなかった」（KrV, B XXX）[17]。カント批判哲学の要諦は、『純粋理性批判』第二版（一七八七年）「序言」に記された、このテーゼの内に見出される。こうした根本テーゼによってカントの言わんとするところは、「神、自由、不死」といった絶対的理念は理論的に証明できるものではなく、実践的に要請されうるのみだということである。これは、神学のコンテクストに関連づけて言い換えれば、カントがかつては彼も従っていた「自然神学」から「道徳神学」へと自身のスタンスを転換したことを意味する。ここに「自然神学 Physikotheologie」とは、「現世に見出される諸性質、秩序、統一から世界創始者の諸性質と現存在とを推論する」神学であり、「道徳神学 Moraltheologie」とは、「道徳諸法則に基づく最高存在者の現存在に関する確信」によって成立する神学である（A632/B660）[18]。カントが前者の証明（「自然神学的証明」）を不可能と見なすのは、われわれが結果から原因へと遡って推論する場合、われわれが感性界における諸系列に留まっている限り、叡知界における存在者である最高存在者も感性界、経験界における「諸制約の系列の一項」にすぎないことになるし、われわれがその先に推論を進めるとすれば、それはわれわれの「可能的経験」を超えることになるからである（A621/B649）。批判期においてカントが可能と見なす神の存在証明は「道徳的証明」のみであり、これによれば、道徳諸法則が存立するために最高存在者をわれわれが前提せざるをえないが、ただし、これは「論理的確実性」ではなく、あくまでも「道徳的確実性」としての「確信」いわば「理性信仰」にほかならず（A829/B857）、「実践理性」の「要請」に留まる（A633 f./B661f.）。

今見たとおり、神の存在は理論的に証明できず、それは実践的道徳的に要請されるに留まるという、カントの要請論もしくは神の存在の道徳的証明を、テュービンガーシュティフトにおける正統派神学の護持者たちは、神の存在が「超自然的事実」であることの証左だと読み換える。彼はカントの「哲学的解釈」を逆手に取って、それを次のように「歴史的文法的解釈」(Bem., 80) に仕立て直す。

神の存在に関する道徳的証明根拠が自然的・目的論的根拠によって強められ、道徳的信仰が自然の観察によって生かされ強められうるように、キリスト教の歴史的部分は正しく用いられると、道徳的信仰を証し支え生かすために大いに貢献する。というのも、イエス・キリストの歴史は……神の存在を奇跡によって強めるばかりでなく……それが事実によって証明され直観化されるからである。(Bem., 64-67)

イエスが神的事物、神の御心をわれわれに知らせたことは、われわれにとって、単なる理念、思いではなく、確実な歴史的事実なのである。(Bem., 71)

見られるとおり、ここでは、「ネオロギー」以来の新たな聖書批判の成果、たとえばテュービンゲンにおいては、シュヌラーらの聖書批判の成果は無視され、聖書は依然として神の啓示とされているばかりか、カントの理性批判の精神も骨抜きにされている。皮肉なことには、ここに、カントの理性批判が両刃の剣であったことが端なくも露呈している。それは、一方で伝統的な合理神学の足場を掘り崩すと同時に、他方で理性の弱さをも際立たせることにもなった。シュトルたちは理性批判によって際立った「理性の弱さ」に巧みにつけいったことになろう。

(二)歴史上の数々の宗教論争、たとえばその一つ、ペラギウス論争の蒸し返しである自由意志をめぐるジェズイットとジャンセニスト(パスカル)との対立を見てみると、その対立点は、双方の人間観の相違に深く根ざしていたことが分かる。[19] 人間の本性に関して、前者は概して、それを道徳的にゆるやかに(有体に言えば、無能に)見たのに対し、後者は概して、それを道徳的に厳しく見ている。理性信仰、道徳的信仰を説くカントの立場は後者に属し、これに対抗して歴史的信仰を強調するシュトルの立場は前者に属すると言ってよかろう。シュトルは、「人間、一被造物の本性」を「他の諸物をつねに必要とし、それらに依存しようとする」他律的で依存的なものと見なしていた(Bem., 56)。それゆえ、彼に言わせれば、このようなものとして、われわれ人間は、カントが説くようには自然的傾向から決して自由になれない(ebd.)。したがって当然また、このような人間本性の弱さゆえに人が幸福を徳の報酬として期待したとしても、それを非難すべきではない。義務の履行、無窮の努力、道徳法則に対する尊敬を説くカントは、結局のところ、神ならぬ人間理性を神の座に、しかも偶像として据える結果に終わっている。

結局のところ、このような思考法は、理性崇拝(Logolatrie)、偶像崇拝の類に帰着する。人間理性(ロゴス λόγος)が最高の理性、偶像として崇拝されるからである。(Bem., 122)

シュトルが『評注』のむすびとして記した言葉は、これであった。

ここで当時まだ弱冠二〇歳の若き神学徒だったシェリングに登場願うと、以上のようなテューピンゲン[20]の正統派神学の動向を、彼は「批判主義の分捕品から独断論の新説を構築しようとする」（I, 283）策動と見る。

わが友よ、倒錯を破壊し、はっきりと言うべき時が来た。批判主義にとっては単に理性の弱さを演繹することが問題ではなく、独断論が証明不可能だということを、独断論に対抗してたっぷり証明することが問題なのだ、と。あなた自身、批判主義に対する、かの誤解が今やわれわれをいかに遠くまで導いたかを一番よく知っています。われわれはわれわれの中道に立って、隠れた敵にもはや近づかないと離別を言い渡すべき時がやって来たのだ。敵はここで武器を置くことによって、かしこで新たな武器を取るからだ。理性という公共の場ではなく迷信という隠れ家でわれわれを虐殺するために。

（I, 292）

「わが友よ」と呼びかける書簡体で書かれ、シュティフトでの先輩ニートハンマーの編集する『哲学雑誌』に二度にわたって掲載された（一七九五年九月刊第二巻第三冊および翌年四月刊第三巻第三冊の）シェリングの論争文は匿名で発表された[21]。既述のとおり、彼がまだシュティフトの若き神学徒であり、修了試験を控えていたためであるばかりでなく、「独断論と批判主義に関する哲学書簡」と題された当論争文が彼自身そこで学んでいるシュティフトにおける看板教授たち、正統派神学者たち[22]の最新の見解に対する批判文書、宗教論争的告発文となっていたからである。今引用した箇所（前文および第二書簡）では、彼らが批判主義に対して正面から闘いをいどまず、「理性の弱さ」につけいって、それに歩みよると見せかけて、かえって彼らが護持する「迷信」（これはいわゆる俗信を意味するものではなく、啓示神学に基づく正統派の教義そのもの、さらにはヘーゲルが批判するような制度的な宗教の実定性そのものを指しているように思われる）をわれわれに押しつけ、われわれを亡きものにすると告発している。

これは、前記のシュトルの一つ目の提唱に対する批判に相当する。「至福は徳の報酬である」という二つ目の提唱に対して、シェリングはスピノザ『エチカ』の最終命題すなわち『エチカ』の最終成果、スピノザ主義の究極の境地を対置する。『エチカ』最終命題（第五部定理四二）[23]とは、周知のように以下のとおりであった。

至福は徳の報酬ではなく、徳そのものである。

見られるとおり、ここに『エチカ』の結論として提示された境地は、先ほど見たテュービンゲン正統派神学の教えの対極に位置するものにほかならない。シェリングは『哲学書簡』の対話相手である「友人」に呼びかけつつ言う。

わが友よ、あなたはたぶん次のことをも理解するでしょう。スピノザがいかにかの絶対的な状態について喜ばしく熱中して語りえたかということを。そうなのです。かの状態の内で自己自身を喪失したどころか、自身の人格性をその状態にまで拡張したのだ！　と彼は考えたのです。別の言い方をしますと、彼がエチカ全体を閉じることのできた命題ほど高尚なものをはたして考えることができるでしょうか。その命題とはすなわち「至福は徳の報酬ではなく、徳そのものである！」これです。彼が自身の自己直観に基づいて表現する、かの叡知的状態の内では、われわれにおけるあらゆる対立は消え失せるでしょうし、あらゆる闘い、道徳性をめぐる闘いとなる最も高貴な闘いすら止み、感性と理性とが道徳性と至福との間に不可避的に造り出す、かの矛盾が解消されるでしょう。（I, 321f.）

ここに語り出されている「絶対状態の内での自己消失」は、われわれが目指すべき目標として掲げられると「自己滅却」への努力、「自己滅却」の要請ということになり、実はこれがシェリングにとってスピノザ思想とギリシア悲劇思想とが交差し、一つの交点となるものであり、したがって、これこそ、「自由」をめぐる難問を解く突破口となるべきものなのだが、その考察は後（第三章）に回すことにし、ここでは、「自由」の問題に密接に関連する当時の政治状況に眼を向けておこう。

二　フランス革命とドイツ革命

シェリングは当書簡体論争文（『哲学書簡』）中、随所で「自由」を強調するのだが、最終書簡（第一〇書簡）の末尾では特に「自由精神同盟 Bund freier Geister」に言及し、これを結句として論争文、書簡全体を閉じている。ここに「自由精神同盟」とは、ヘルダリン、シンクレール、ツヴィリングらがホンブルクで結成したサークル（ホンブルガークライス）の合言葉にほかならなかった(24)。時あたかもフランス革命直後のことである。『哲学書簡』の後半部分（第五－一〇書簡）が公刊された一七九六年(25)にフランスの革命軍将校ジュルダンがホンブルクに進攻してきた時、彼を熱狂的に迎え入れたシンクレールは、一八〇五年には宮廷革命を企てたかどで反逆罪裁判にかけられているし（ヘルダリンもこの革命に加担した嫌疑をかけられた）、ツヴィリングはツヴィリングで、ホンブルクでの哲学論議に加わって後、将校となり、一八〇九年、ヴァルラムの会戦で戦死している(26)。シェリングの場合、フランス革命に対する共感にもかかわらず、彼は政治的な直接行動には走らず、思想上の自由を追求するに留まっている(27)。

なお、ここで当時の時代状況に思いを馳せるのに恰好のある作に言及しておくのも一興であろう。ペーター・ヴァイスの戯曲『ヘルダリン』である。一九七一年九月二一日、シュトゥットガルト州立劇場で初演された当劇作には、ヘルダリンとともに彼を取り巻く様々な人物が登場し、そのことによって当時の時代状況が生々しく描き出されているからである。――シュティフトの「栄えある伝統」に従って卒業後「腹の突き出た」牧師となったノイファー。こうした先輩を交え、「自由の本質について議論し専制政治と衝突する」シュティフトの若き神学徒たち（ジャコバン派のシンクレールに至っては「暴君どもに死を」と叫ぶ）。大公の視察を前に彼らに種々強圧的な命令を下すシュヌラー（ここでのシュヌラー像は本章注13で紹介したそれとは異質である）。「民主主義とジャコバン主義の温床だという噂」を聞きつけ、綱紀粛正のためシュティフトを視察する大公カール・オイゲン（本章注9参照）。家庭教師先の「田舎貴族」カルプ一家。詩人の自己主張に対し「巨星」として尊大に応対するゲーテとシラー。「ドイツ的ディレンマの代弁者」フィヒテ。「彼女の階級の犠牲者」ズゼッテを含む家庭教師先ゴンタルト家の人々。はたまた第二幕ではエンペドクレースの妹パンテーア（第三稿）や彼の弟子パウサニアースまで（未完の戯曲『エンペドクレースの死』にまつわる場）。そうして「狂気の闇」に沈み、皮のマスクをつけられたヘルダリンと、その治療にあたるばかりか、彼に「ジャコバン党員」の嫌疑をかけるテュービンゲン大学病院長アウテンリート。後に実際、宮廷革命を企てながら放免され、ホンブルクの宗主権交渉のためヴェルサイユに向かうシンクレール。「薄明」の中を生きるヘルダリンを引き取る指物師ツィンマーとその娘。またそこを訪れる、今や体制に順応し「歴史的人物」となったヘーゲル（ベルリン大学長）やシェリング（ミュンヘン大学教授）。終幕に至っては、作者ヴァイスは、「自身の試作を一撃で粉砕した」傑作『ヒュペーリオン』に感嘆の声を上げ、「武装蜂起」をテーマとした『ヒュペーリオン』の作者の新戯曲について作者本人と話し合う若きマルクスまで登場させる(28)。

話がきな臭くなりすぎた。ヴァイスが戯曲化にあたり、主として依拠したP・ベルトーのヘルダリン研究（『ヘルダリンとフランス革命』[29]）の為せる技であろう。彼らの描くヘルダリン像とは異なり、シェリングの場合、すでに指摘したとおり、フランス革命に対する共感にもかかわらず、彼は政治的な直接行動には走らず、思想上の自由を追求するに留まっている。彼の私信の中にそれとおぼしき発言を拾うとすれば、それは次のようなものであった。

道徳的な専制支配は、政治的専制支配がなしえたであろうより以上に深く祖国における思考の自由を抑圧してきたであろう。（Br. I, 27）[30]

これは、ヘーゲルが「カント説とその最高の完成からドイツにおける革命をぼくは期待する」（Br. I, 23）と書いた手紙――これはこれで「カントとともに夜明けが到来した」（Br. I, 23. 同年二月四日）というシェリングの言葉への応答なのだが――に対する返書（一七九五年七月二一日）の中に認められた文言である。フランス革命と並んでカントの批判哲学は彼らにとって「ドイツにおける革命」に匹敵するものにほかならなかった。それだけに彼らには、それを骨抜きにしようとするテューービンゲン正統派神学の陰謀は許しがたいものと映じていた。「テューービンゲンはどんなふうだろうか。ラインホールトやフィヒテのような人物が講壇に立たないうちは実のあるものは出てこないだろう。そこほど古色蒼然たる説が繁殖するところもほかになかろう」（Br. I, 12）とヘーゲルは家庭教師先のベルンからテューービンゲンのシェリングに書き（一七九四年一二月二四日）、これに対して、「今や、ありとあらゆるドグマが実践理性の要請の判を押され、理論的歴史的証明が不十分なところで、実践的（テューービンゲン的）理性は難問を解いている」（Br. I, 14）とシェリングはヘーゲルに返答している（一七九五年一月六日）。この頃のシェリングの立場は、カントの要請論が正統派神学の実定的な信仰、迷信を打ち砕く威力を有していると見る点で、ヘーゲルと共通のものではあったが、カント説そのものをさらに批判して、神の存在の直観をも人間精神、主体に内在させるという点ではヘーゲルよりもっとラディカルな地点に到達していた。この急進化、根源化を可能にさせたもの、これが彼のスピノザ受容にほかならなかった(31)。

三　正統と異端——スピノチスト宣言

シェリングのスピノザ受容を示す彼自身の最初の明確な発言は、彼がヘーゲルに宛てて認《したた》めた私信のうちに見出される。一七九四年のクリスマスイヴにヘーゲルによって書かれたシェリング宛書簡に始まる両者の手紙のやりとりは、ほぼ同時期に始まるヘルダリンとヘーゲルとの間のそれとともに、当時（シェリングはなお神学徒としてテューービンゲン、ヘルダリンは遊学者としてイェーナ、ヘーゲルは家庭教師としてベルンにいた）の彼らの考え（スピノザに対してのみならず、フランス革命やカント、フィヒテに対して、またテューービンゲン正統派神学に対する反応等）について、今日われわれが、彼ら自身の発言としてそれらを直接知りうる貴重なドキュメントとなっている(32)。

シェリングによる書簡中のスピノザへの最初の言及は、先に記したとおり、ヘーゲル宛の私信中に見られる。それは前記クリスマスイヴのヘーゲルの手紙に対する返書で、日付は一七九五年一月六日となっている。その中で、「哲学はまだ終わっていません。カントは結果を与えはしましたが、未だ前提が欠けています。いったい誰が前提なしに結果を理解できるでしょうか」(Br. I, 14) と、シェリングはカント批判哲学の成果と限界についてヘーゲルに問いかけ、最後に「今ぼくはスピノザ風エチカ Ethik à la Spinoza に取り組んでいる」(Br. I, 15) ことを打ち明けている。「それは」――彼によれば――「理論理性と実践理性とが合一される全哲学の最高諸原理を樹立するはずだ」と見なされていた (ebd.)。この手紙に告げられていることは、カントの批判哲学の「結果」すなわち実践理性の要請論、ひいては道徳神学には前提となるべき原理が欠けており、この欠を埋めて原理たりうるもの、しかも両理性を合一する統一的原理たりうるもの、それを提供するものこそ、スピノザ主義だということである。続く同年二月四日付返書では、「この質問が」――神の存在の道徳的証明によってわれわれは神の人格的実在に至り着けるかどうかという、同年一月末日付書簡でのヘーゲルの質問が――「ぼくを驚かせたことを白状します」と、シェリングはまず応じ、ヘーゲルを「レッシングの親友」と名指して、彼の質問に答えている。「ぼくはこの解答をレッシングの親友から期待しなかったでしょうか。君はぼくの場合、解答済みかどうか聞こうとして、もう答えを出したも同然です。君にとって、もうとっくに答えは出ているのです。」(Br. I, 22)

ヤコービの『スピノザ書簡』(一七八五年、第二版一七八七年) に記されたレッシングのスピノチスト宣言――「正統派の神概念はもはや私には関係ありません。私はそれを受け入れることができません。一にして全（Ἓν καὶ πᾶν）。私は他に何も知りません」（IV/1, 54）[33]――における「私には für mich」を「ぼくたちには für uns」に置き換えた上で、シェリングは彼自身のいわば「スピノチスト宣言」を行う。

正統派の神概念はもはやぼくたちにも関係ない。――ぼくの答えはこうだ。ぼくたちは人格的実在よりもっと先に至り着く。この間に、ぼくはスピノチストになった！（ebd.）

シェリングのこの「スピノチスト宣言」は、時代の危険思想（超越神、人格神の否定ひいては汎神論）に大胆にコミットすることを意味するが、それを公にすることを彼はためらいはしなかった。前記の二つのヘーゲル宛私信の後に著された『自我論（自我論哲学の原理としての自我について）』（一七九五年）の「序言」に言う。

この種の読者〔どんな著作にもちらっと目を向けるだけの読者〕ならば、本書では度々スピノザについて（レッシングの表現を用いると）「死せる犬のように」語られないと指摘できるであろうし、また……著者がとっくに論駁されたスピノザの誤謬を新たに主張しようとしていると速断できるであろう。……〔だが〕このような読者に対して私は指摘しておく。一方では、本書がまさしく、スピノザ説、これはとっくに論駁されたわけではないのだが、このスピノザ説をその基礎において廃棄し、むしろ彼自身の諸原理によって打倒することを目指している、ということを。また他方では、私にはスピノザ説はその全誤謬ともどもその大胆な首尾一貫性によって、現代の教養世界の悪質な連合諸説、これはありとあらゆる説というボロ切れからつぎはぎをして、あらゆる真の哲学の死となるものなのだが、この悪質な連合諸説よりははるかに尊敬に価する、ということを。 (I, 151f.)

ここでシェリングは、一方で、彼の説が汎神論、無神論というスピノザの誤謬の蒸し返しだと取られかねない一般の誤解に対しては、彼の立場が根底的なスピノザ説批判であることを強調し、他方で、つぎはぎ細工によって哲学を殺す「連合諸説」に対しては、その首尾一貫性のゆえにスピノザ説の優位を説いている。ここに「連合諸説」とは何か。「連合諸説」というように、「これ」と一つに特定しない複数表現を用いて焦点をぼかしてはいるが、これはおそらくはテユービンゲンの正統派神学を念頭に置いた表現と見てよいのではあるまいか。それがつぎはぎ細工であり、またそれによって哲学を骨抜きにするものであることはすでに考察したとおりである(前節)。このような筆者の推定が妥当だとすれば、右の条は、この神学に対して、スピノザ説を対置して、それと闘う姿勢を示していることになろう。だとすると、スピノザ主義はテユービンゲンの正統派神学批判のためのまさしく拠点となった当のものということになるであろう。私はまずこの点を強調しておきたい。またもう一つ強調しておきたいことは、シェリングのスピノザ主義に対する立場が、批判と擁護という相反するもの、きわめてアンビヴァレンツなもの(両義的なもの)だということである。総じて右に掲げた「序言」の叙述が如実に示しているのは、これなのである。

ここに示されているアンビヴァレンツは、そこに身を置く思想家に対して、ともするとただの折衷に追い込み、自己の足場を掘り崩しかねない危険に身をさらすものではあるが、この誠に危うい立場、いわば立場なき立場を、シェリングは自覚的戦略的に選び取っているように思われる。彼には攻撃対象と防御対象が明確に把握されているからである。その都度のテーマごとに或る説に対して他の説をぶつける論争、論評のスタイルは、未だ確たる自身の体系確立には至っていないが、課題意識と攻撃対象の明確な少壮学徒にとっては、危険を伴いながらも自己を鍛え自説を準備する有効な手段、方法であったであろう。後の自然哲学的な諸著作においても、シェリングはこのスタイルを大胆に活用しているように私には見える。自然哲学期をも含めて、彼はその都度その都度の思想状況に素早くかつ鋭く反応するという仕方できわめて状況的に思考している。一七九五年という時点に限って言えば、彼のこの状況的思考が数々のアンビヴァレンツを産み出している。この時期、彼がかかわる思想のほとんどすべてに対して。

一、カントの批判哲学に対して、然り。
二、フィヒテの自我哲学に対して、然り。
三、スピノザの実体哲学に対して、然り。
四、ヤコービの信仰哲学に対して、然り。

第二章　スピノチストとしてのシェリング

――『自我哲学』（一七九五年）と『哲学書簡』第八書簡（一七九六年）――

一　自我と存在――フィヒテ受容とスピノザ受容

従来、若きシェリングの思想形成において決定的に重要な役割を果たしている先行思想として常にフィヒテの自我思想が挙げられてきたが、これと並び、いやこれにも増して重要なのがスピノザの実体思想、存在思想である。(1) とりわけ、シェリングにおけるフィヒテの『基礎（全知識学の基礎）』（一七九四年）第一原理の受容は、彼のスピノザ受容そのものを強化させたという意味すら加えることになったように思われる。けだし、フィヒテ自身、彼の知識学の第一原理の樹立の際に、スピノザ主義とりわけ『エチカ』の根本原理を強烈に意識しつつ、それを遂行していたからである。周知のとおり、フィヒテ知識学の第一原理は次のように定式化されていた。

自我は根源的端的にそれ自身の存在を措定する。(I, 98)[2]

これに対し、スピノザ『エチカ』の体系の前提をなす二つの定義（第一部定義一および三）は次のとおりであった。

自己原因とは、その本質が存在を含むもの、言い換えれば、その本性が存在するとしか考えられないものである。

実体とは、それ自身において存在し、それ自身によって考えられるもののことである。

見られるとおり、両者に共通して認められる点は、存在概念の重視、体系の根幹にそれを据えようとする存在思想である。ただ、まさにこの根本において、両者は異なっている。実体-対-自我である。スピノザの場合、存在は実体自身の本質のうちに含まれている。実体は自己原因だからである。[3]原因（神）は結果（万物）を産み出すが、自己原因においては、作用原因とは異なって、原因と結果との間には区別はなく、両者の関係は内在的なのである。言い換えると、超越的原因とも異なって、原因が自己の外に結果を産出するのでもないし、また流出的原因とも異なって、結果が原因の外に出てゆくのでもない。[4]シェリングの言葉を借りて要言すれば、「世界の移行原因はなく、世界の内在原因のみがあるのだ」(I, 315)。スピノザは、神に知性も意志も認めない(第一部定理三一および三二)。神は他からの強制を排して、自身の本性の必然性のみによって存在し、行為するからであり(第一部定義七)、この内的必然性(可能的創造でも偶然的創造でもない必然的創造)こそ、自己原因にほかならない(5)。

これに対しフィヒテの場合、存在は自我自身の本質の内に含まれている。自我の本性は自己措定にあるからである。自我は自我を措定するが、この自己措定(自我＝自我)すなわち純粋意識においては、経験意識に与えられる同一律(A＝A)とは異なって、同一性は単に形式的なものではなく内容的なものでもある。すなわち、「A＝A」は「Aあり」を含みも前提もしないが、「自我＝自我」は「我あり」を含みも前提もする。「自我は自己を措定するがゆえに、我あり」(I, 96)。逆に、「我あるがゆえに、自我は端的に自己自身を措定する」(I, 97)。つまり、自我においては、自己措定と存在は等しい。「我あるがゆえに、端的に我あり」(I, 98)。

このように第一原理として、自我存在(sum, ergo sum)に到達したフィヒテにとっては、デカルトもカントも、またラインホールトも、存在の本質(sum)を捉えるには至っていないと見えた。デカルト、カントの思考作用(cogitans sum, ergo sum)であれ、ラインホールトの表象作用(repraesentans sum, ergo sum)であれ、cogitansもrepraesentansも余計であって、それらはいずれも存在の本質ではなく、「存在の特殊規定」にすぎないからである(I, 100)。シェリングの定式化を借りて言えば、「我あり(Ich bin!)。私の自我は存在を含む。それは一切の思考作用と表象作用に先行する」(I, 167)のである。フィヒテにあっては、このように自我存在のうちにこそ、一切の知に先行する究極の実在根拠があった。彼は、デカルト、カント、ラインホールトの意識と表象の哲学を、自身の知識学の自我原理の手前に踏み留まるものと見なす一方で、スピノザの実体哲学を、これを踏み越えるものと見なす。

われわれの命題〔「我あり」〕を踏み越えてしまったのが、スピノザだった。彼は経験意識を否認するわけではないが、純粋意識を全面的に否認する。……彼にとって、自我……は在るがゆえに在るのではなく、他の或るもの〔実体〕が在るがゆえに在る。彼によれば、自我は自我〔実体〕に対して自我である。彼は問う。自我の外に在る或るもの〔実体〕に対する自我とは何であろうか、と。「自我の外に在る」ような自我〔実体〕とは同じく自我であろう。そして、措定された自我〔たとえば私の自我〕とありとあらゆる措定可能な自我はその様態であろう。（ebd.）

文章が難解である。絶対的な自我と有限な自我、またスピノザの実体がすべて「自我」という同一の語によって語られているからである。引用文中、前者の区別は明らかなので、後者についてのみ指示を試みた。ここで語られているスピノザによる純粋意識の否認とは、私見によれば、おそらく先に触れた、スピノザ『エチカ』第一部定理三一および三二における神の知性と意志の否定の議論を念頭に置いているものと思われるが、この点はともかくとして、(6) ここではとりあえず、スピノザが彼の最高原理、唯一実体を絶対自我の外に立てたことによって、フィヒテ知識学の最高原理、絶対自我の原理を踏み外してしまったということが、フィヒテのスピノザ批判の核心であることだけを確認しておく。フィヒテはスピノザ説をこのように批判して後、さらにそれを次のように続ける。

彼は純粋意識と経験意識とを分離する。彼は前者を神に据えるが、神は自己自身を意識しない。純粋意識は決して意識に到達しないからである。また彼は後者を神性の特殊な様態に据えるのである。このようにスピノザの体系は、完全に首尾一貫して提示されており、理性がそれ以上ついて行けない領域に彼がいるので論駁不可能だが、根拠を欠いている。いったい何が、経験意識に与えられた純粋意識を越えるよう彼を許したのであろうか。――彼を体系へ駆り立てたものは示しうるであろう。すなわち、それは人間的認識の最高の統一を産み出そうとする必然的努力である。この統一は彼の体系の内にある。誤りはただ次の点にある。すなわち、彼は理論的な理性根拠から推論したと思ったのだが、ただ実践的要求に突き動かされていたのであり、また、現実に与えられたものを樹立したと思ったのだが、目指しながら決して到達できない理想を立てたのである。(I, 100 f.)

フィヒテはここで、彼がスピノザ説の内に認めた意識の区別に立脚しつつ、そこにおける「人間的認識の最高の統一」が、スピノザが思い描いたような「理論的な理性根拠」に基づくものでも「現実に与えられたもの」でもないと批判している。彼が産み出そうと努力したこの最高の統一は、フィヒテによれば、理論的にではなく、実践的にのみ獲得しうる理念なのである。フィヒテは上の文言に続けてさらに言う。

スピノザの最高の統一を、われわれは知識学のうちに再び見出すが、それは在るもの〔存在＝理論的現実〕としてではなく、われわれによって産出されえないが、産出されるべきもの〔当為＝実践的理念〕としてである。——私はなお指摘しておく。「我あり」を踏み越えると、必ずやスピノザ主義に至らざるをえない、と。……また、完全に首尾一貫した二つの説のみが存在する、と。この限界を承認する批判説とそれを飛び越えるスピノザ説とである。(7)

(I, 101)

見られるとおり、明らかにフィヒテはここで、理論理性に限界を設け、最高の統一を実践的理念としてのみ可能とするカントの実践理性の要請論の立場からスピノザ説を批判し、これをカント説の対極に位置づけている。(8)

以上の『基礎』第一部第一章末尾のフィヒテの発言から、フィヒテ-スピノザ関係のみならず、フィヒテ-シェリング関係、いや、フィヒテも絡んだスピノザ-シェリング関係に関する重要な様々な観点が読み取れる。

㈠ 最高の統一の理念を、フィヒテはスピノザから得ていたこと(この点は、同様にシェリングにも認められる)。

㈡ フィヒテは、スピノザ主義に対して、それが最高原理を絶対自我に据えず、絶対自我の外に据えたという点で批判したこと(シェリングも同様の批判を行う)。

㈢ フィヒテは、首尾一貫した説として、カント説とスピノザ説の二つのみを認め、両者を対極に位置づけたこと（シェリングも同じ立場を採る）。

このように見てくると、シェリングが悉くフィヒテに従っているように見えはするが、これら諸点について集中して論じられる二つの著作『自我論』と『哲学書簡』に目を向けるならば、そうとばかりは言えない点も目についてくる。(9) 後に見るように、一方で、シェリングは確かにフィヒテの路線に棹さしはするものの、他方で、フィヒテのようにスピノザ主義を一方的に排斥するのではなく、それに接近し、むしろそこから多くのものを取り入れており、それが特に批判哲学に対する反批判とかかわってくるのである。ちなみに、この反批判すなわち批判哲学の結果であるカントの実践理性の要請論の克服を、シェリングは、ヤコービの信仰哲学に依拠しつつ、批判哲学が遂行した革命に対して「第二の革命」と自称するに至っている。(10)

総じて言えば、この時期のシェリングの立場は、フィヒテに対してのみならず、スピノザに対してもきわめてアンビヴァレンツなのである。このアンビヴァレンツは、たとえば例のヘーゲル宛書簡（一七九五年二月四日）の中に、すでに如実に現れていたものにほかならなかった。そこで、シェリングはなぜ「フィヒテアーナーになった」と言わずに、「スピノチストになった」と言ったのか。また、いわば「スピノチスト宣言」にもかかわらず、その直後、そこに次のようなフィヒテ的着想を書きつけたのか。こうした疑問がわき起こってくるのも、以下のような彼の立場のアンビヴァレンツのためではあるまいか。

この間に、ぼくはスピノチストになった！　スピノザにあっては世界（主体に対立した客体そのもの）がすべてでした。ぼくの場合、自我がすべてです。批判哲学と独断哲学の本来の区別は、ぼくには次の点にあるように思われます。すなわち、前者は（未だ客体によって制約されない）絶対自我から出発し、後者は絶対的客体、非我から出発します。その最高の帰結においては、後者はスピノザ説に至り、前者はカント説に至ります。哲学は無制約者から出発しなければなりません。この無制約者が自我の内にあるか非我のうちにあるかが問われるでしょうが、この問いが決まればすべてが決まります。ぼくの場合、全哲学の最高原理は、純粋な絶対自我、すなわち客体によって決して制約されないで自由によって措定された端的な自我たる限りの自我です。全哲学のアルファーにしてオーメガは自由です。

(Br. I, 22)

ここには、シェリングが『自我論』と『哲学書簡』で展開することになるフィヒテ的着想が凝縮して示されている。ただし、それは両作ともに、スピノザ哲学の根本的諸概念と大胆に結合される。この点については、以下の諸節で考察する。ここでは、このほかにもう一点、一見したところ、フィヒテ的着想の記述とのみ見える上の文言の中に潜んでいる、それをはみ出しているある要素を指摘しておきたい。先の引用における最後の文言（いわば「決め台詞」）――「全哲学のアルファーにしてオーメガは自由です」――は、むろん、カントおよびフィヒテの哲学の根本テーゼの表明にほかならない。ただし、表現として聖書的なそれが用いられている点をわれわれは看過してはならない。周知のとおり、「アルファーにしてオーメガ」という語は、黙示録において神が自称したとされる、かの典型的な聖句にほかならなかった。すなわち、「我はアルファーにしてオーメガなり。」ἐγὼ τὸ Ἄλφα καὶ τὸ Ω.（Apok. 22. 13）。「スピノチスト宣言」中の「決め台詞」に神の根本規定を示す典型的な聖句が用いられていることには、シェリングがフィヒテ的着想を認めながらも、他方で聖書における神の根本規定を強く意識していたことが暗示されている。同じ書簡の最後の条では、カントの実践理性の要請論を確認するという文脈の中ではあるが、「神は絶対自我にほかなりません」（Br. 1. 22）と語られている。ここに語られている「絶対自我」は確かにフィヒテ的用語には違いないが、フィヒテは彼の絶対自我を必ずしも絶対者と同定しているわけではない。両者を即同一と見るのは、シェリングの立場なのである。彼はこの絶対自我の規定に、W・G・ヤーコブスの示唆に従って言えば、聖書の神の規定――エローヒーム（＝神Götter）としてではなく、ヤハウェ（＝我は我なるものなりIch bin, der ich bin）としての神の規定を重ね合わせているように思われる。[11] 他の機会に強調したとおり、シェリングはフィヒテ知識学との出会い以前に批判神学的地盤に立った聖書研究、神話研究――学士論文および神話論文として結実する――を行っていたばかりか、[12] 古代哲学研究（とりわけプラトーン研究）を行っており、[13] 彼がフィヒテ受容後も単なるフィヒテアーナーに終わらなかったのはこのためである。ちなみに、今問題にしている発言（「神は絶対自我にほかなりません」）に関して言えば、彼は学士論文の第二節で、創世記の起源について論じ、神の名の数的相違（エローヒームとヤハウェとの相違）のうちに多神論から一神論への神表象の転換の印を見ていたのであり、[14] これが、その発言に反映していると見なしうるであろう。

二　無制約者と知的直観——スピノザ主義

哲学はまだ終わっていません。カントは結果を与えはしましたが、未だ前提が欠けています。いったい誰が前提なしに結果を理解できるでしょうか。(Br. I, 14)

すでに引用した一七九五年一月六日付ヘーゲル宛書簡におけるこの指摘に関連したテーゼを、シェリングは同年五月二九日の日付を持つ『自我論』「序言」にも記している。

私は、批判哲学の結果を全知の諸原理に引き戻して叙述しようとした。したがって、本書の読者に答えなければならない唯一の問いは、かの諸原理が真であるか偽であるか、また（それらが真であれ偽であれ）、それらによって実際に批判哲学の結果が根拠づけられているかどうかである。(I, 152)

ここに記された全知の諸原理の最高原理は、特に『自我論』では「無制約者das Unbedingte」と見なされ、「決して物（Ding）とはならなかったし、物（Ding）とはなりえないもの」（I, 166）と規定される。このようなものとしての「無制約者」とは、この時点でのシェリングにとっては、「絶対自我」以外にはありえなかった(15)。これのみが唯一、「物」、「客体」になりえない真の意味での絶対者と考えられたからである（I, 167）。ここで、シェリングはフィヒテが彼の最初の知識学において第一原理を樹立したやり方を彼流に行っている。知識学の第一原理は「端的で無制約的」（I, 91）と特徴づけられているが、フィヒテは「他のあらゆる根拠なしに」（I, 93）を含意する「端的 schlechthin」という語を多用しつつ議論するのに対し、シェリングは「無制約的 unbedingt」という語のもつ含意をエティモローギッシュに活用しつつ議論し、最高原理を「物（Ding）とはなりえないもの」という語義を生かして規定している。とは言え、この時期のシェリングの立場は、基本的にはフィヒテ知識学と同じく「自我哲学」と特徴づけるほかないものであろう。シェリングは『自我論』での自身の基本的立場を「一切は自我の内にあり、自我の外には何もない」（I, 192）と表現しているからである。ただし、まさにここに、この時期の彼の典型的な「アンビヴァレンツ」が如実に現れることになる。先に「シェリングはフィヒテが彼の最初の知識学において第一原理を樹立したやり方を彼流に行っている」ことを強調したが、ここにその「彼流」が露骨に顔を出しているということである。この時期の彼の哲学が、今引用した基本命題に表現されているように「自我哲学」でありながら、実は、この表現は「神の内にすべてがあり、神の外には何もない」という、スピノザ『エチカ』の基本命題（第一部定理一五）の「神」を「自我」に置き換えたものなのである。[16] つまり、シェリングのここでの「彼流」はフィヒテ的語彙、概念を用いつつ、その実、内容、思考法はスピノザの実体哲学に類するものだということである。ちなみに、シェリングは彼の基本命題を導き出すために、以下のような論法（フィヒテ的自我概念にスピノザ的実体を重ねるという論法）を駆使していた。「実体が無制約者だとすれば自我が唯一実体である。というのも、多くの実体があるとすれば自我の外に或る自我があることになるであろうが、これは不合理だからである」(ebd.) と。ともあれ、最高原理、第一原理からの展開を、シェリングはまず私信で(ヘーゲル宛一七九五年四月二日)端的に「哲学は無制約者から出発しなければならない」(Br. I, 22) と定式化しており、『自我論』では、これをさらにスピノザにおける無制約者と一般者との区別の問題と結びつけて論じている。

われわれが今前提するのは無制約者なのだが、哲学が無制約者から出発すべきであるとすれば、哲学は一般者から出発できない。というのも、一般者は個別者によって制約されており、制約された(経験的な)知一般との関係においてのみ可能であるからである。そのゆえに、独断論の首尾一貫した体系、スピノザの体系も、唯一の絶対的実体が思考物(Ens rationis)、抽象概念と見なされたことに対して反論する場合ほど強烈に説明されることはほかにない。スピノザは無制約者を抽象概念にではなく絶対的非我に据える、言い換えると、個々の存在する事物にではなく世界の理念に据える。(I, 184)

シェリングはここで、「無制約者」を一般者、抽象概念と見なしてはならないというスピノザの見解に注目し、「スピノザの別の表現を用いると手っ取り早く説明できる」(I, 185) として、脚注を付し、そこでまずマイエル宛のかの永遠概念をめぐる有名な書簡(一六六三年四月二〇日、今日の書簡集では書簡一二)の一節を引用して後、「この箇所を理解するためには、彼が抽象概念を想像力の単なる所産と見なしているということを知らねばならない」と断り、『エチカ』第二部定理四〇注解の記述を念頭に置きつつ、次のように言う。

彼が言うには、超越的表現（彼は存在者（Ens）、物（Res）という表現をこう呼んでいる）は次のことによって成立する。すなわち、物体は印象のある特定の量のみが可能であり、したがって、物体は山のように積み上げられすぎると、魂はそれらを混乱していて区別のないものと——皆一緒くたに一つの属性の下に——想像するであろう。同様に彼はたとえば人間、動物等のような一般概念を説明する。

(ebd.)

シェリングにとって、「無制約者」とは、スピノザが指摘するところの想像力の所産にすぎないような抽象概念、一般者ではない。そうではなくて、それは第三種認識に位置づけられる「直観知 scientia intuitiva」（『エチカ』第二部定理四〇注解二、第五部定理二五－三六）に対応するものにほかならなかった。シェリングは、これを特に『エチカ』第二部定理四三注解に関連させつつ、次のように言う。

『エチカ』の上掲の箇所を特に遺稿集における彼の知性改善論と比較してみるとよい。——認識の最下の段階は、彼にとっては、単なる個々の事物の表象であり、最高の段階が絶対的実体の無限属性の純粋な知的直観（intellektuale Anschauung）であり、それによって生ずる事物の本質の十全な認識である。これが彼の体系の最高点である。単なる混乱した表象は彼にとってはあらゆる誤謬の源泉であり、神の知的直観（intellektuale Anschauung Gottes）があらゆる真理の源泉、語の最も拡張的な意味における完全性である。――彼は『エチカ』第二部の定理四三注解で言っている。「真理の規範として真の観念以上に明瞭で確実なものがあろうか。実際、光が光自身と闇とを明らかにするのと同じように、真理は真理自身と虚偽との規範である。」――われわれのよりよき生の「一にして全Ἓν καὶ πᾶν」というこの語の静謐な歓喜を越えるようなものがあろうか。[17]（I, 185）

シェリングは、ここに注記したスピノザの第三種認識、認識の最高段階としての知的直観を絶対者、無制約者の認識のために導入する。たとえば『哲学書簡』（第八書簡）では、それに関して次のように言われる。

われわれ全員に或る秘密の驚嘆すべき能力が備わっています。これは、われわれを時間の変転からわれわれの内面へ、言い換えると、外部からやってきた一切から離脱した自己へ連れ戻し、そこで不変性という形式の下で永遠をわれわれの内で直観させます。この直観は優れて内的で優れて自身の経験です。われわれが超感性的世界について知り信じる一切はこれのみに依存しているのです。（I, 318）

ここで注目すべきことは、シェリングが知的直観内在説をあくまでスピノザ説から引き出そうとしている点であろう。たとえば『エチカ』第二部定理四七では、「人間精神は神の永遠無限なる本質の十全な認識を有する」とされている。シェリングはこの定理を脚注に引用しつつ、これをスピノザ『エチカ』の「主要命題」（I, 317）と見なしている。シェリング自身にとっても、これが彼のエチカ（Ethik à la Spinoza）の主要命題となったと考えられる。この命題こそ、この時期のシェリングのスピノザ主義の核心を形成するものにほかならない。そうして、これこそ、人間理性に対してカントの批判哲学が設けた制限を踏み越えた当のものにほかならなかった。ちなみに、カント哲学にあっては、真理の規範はなおデカルト以来の思惟の明証性に置かれていたし、また知的直観による超感性的事物の認識は認められず、われわれ人間理性においては実在性がそこからのみ得られる感性的直観のみが認められた。この点でもシェリングはカントではなく、スピノザに共感を寄せ、たとえば知的直観を論じた箇所などでは、それが神の知的愛を成立させ、これがまた最高の至福状態への接近を意味することを次のように注記している。

彼〔スピノザ〕はこのような神の直観から神の知的愛を成立させる。これを彼は最高の至福状態への接近として記述している。「神に対する精神の知的愛は」と第五部定理三六で彼は言う、「神が自分自身を愛する無限の愛の一部である」と。——「精神の最高の努力、最高の徳は、事物を第三種の認識によって認識することである。すなわち、第三種認識は神のいくつかの属性の十全な観念から事物の本質の十全な認識へ進むことである」（同、定理二五）。——「この第三種の認識から、存在しうる精神の最高の満足が生ずる」（同、定理二七）——「自分たちの幸福・至福・自由が何に基づいているかをわれ

われは明瞭に理解する。すなわち、それは、神に対する不変永遠の愛の中にある」（同、定理三六注解）。（I, 317）

以上見てきたように、『自我論』および『哲学書簡』におけるシェリングによるスピノザ『エチカ』の読解は、ほぼその第一部と第五部に集中している。むろん第二部への言及はありはするが、それは第五部において詳説される第三種認識に関連する箇所に限られている。すなわち彼は『エチカ』の体系の内、神の定義という出発点（より端的には「自己原因」に関する第一定義）と第三種認識、神の知的愛という到達点（より端的には「至福」に関する最終定理）という両極に定位している。この点、「スピノザの『エチカ』を読みなさい。……特に第二部と第四部を読みなさい」とグライムに宛てて書いた（一七七五年二月）ヘルダーの場合と著しい対照をなしている。こうしたスタンスは、シェリングが『自我論』で立てた「批判哲学の結果を全知の諸原理に引き戻して叙述する」という課題に由来するであろう。カント批判哲学の「結果」すなわち実践理性の要請論においては、われわれ有限な人間が神に到達しうるのは、理論的な知の領域においてではなく、実践的な行為の領域においてであり、しかも無窮の努力によるとされた。ここに神の存在とともに魂の不死があくまでも実践理性の要請として立てられる。[18]

シェリングはこの路線を踏襲しはしたが（特に『哲学書簡』において）[19]、彼はカントの要請論が含む無窮の努力というリゴリズム（これは無限に延長する直線としてイメージできる）を、すでに述べたとおり、スピノザの内在主義（これは円環としてイメージできる）によって越えようとしたのだった。すなわち、これは、これまで折に触れて指摘してきたとおり、彼がカントに従いつつカントから離れるというアンビヴァレンツな立場をスピノザ主義に立つことによって維持していたためと言える。また、彼がスピノザを「死せる犬」としてではなく、「神に酔える人」として描き出しえたのもこのためだったとも言える。この時期のシェリングの立場は、ほぼ同時期(一七九五年春頃)に同じ課題における理論的踏み越えを試み(『判断と存在』)、かつ踏み越え可能な領域を特に美的な領域に求めたヘルダリンの立場(シラーの『人間の美的教育書簡』の乗り越えとしての『人間の美的教育新書簡』の構想)とも決定的に異なっていた。[20] その翌年か翌々年に執筆されたと想定されるある断片(いわゆる『体系綱領』)あるいはさらに後、五年後の『超越論的観念論の体系』においてシェリングはヘルダリンの立場に接近、同調することになるのだが、これらについては後に考察するとし(第三章第一節)、以下では、いよいよ先に核心問題(スピノザ思想とギリシア悲劇思想との交点)として注目しておいた「自己滅却」の思想の意義を見ることにしよう。

第三章　自由と悲劇
――『哲学書簡』後半部（一七九六年）――

一　自己滅却の思想――スピノザ主義のディレンマ

すでに見たとおり、シェリングはスピノザに倣って、絶対者、無制約者への直接的接近が可能だと考えた。だが、この思想には、次のような困難な問題が孕まれていた。すなわち、「私はそもそもいかにして絶対者から抜け出て、対立者に向かうようになるか」（I. 294）という問題である。シェリングが『哲学書簡』において哲学の主要問題と見なしたのも、まさしくこの問題、「世界の現存の問題」にほかならなかった。「全哲学の主たる仕事は、世界の現存の問題を解くことにある。全哲学者はこの解決に取り組んだ」（I. 313）。彼によれば、スピノザもまたこの問題、「世界という謎、すなわち、いかにして絶対者は自己自身から出て、世界を自己に対立させうるかという問い」（I. 310）に取り組んでいた。そうしてこの問題に対するスピノザの解決策は、シェリングの説明によれば、絶対者・無限者から世界・有限者への移行原因、言い換えると、新プラトーン主義が説く流出原理を拒絶して[1]、彼固有の内在原因、内在原理のみを認めるというものであった。

「彼〔スピノザ〕は無限者から有限者へのあらゆる移行を拒絶したのです」。彼はそもそもあらゆる移行原因（causa transitorias）を拒絶し、流出原理の代わりに内在原理、世界の永遠不変の内在原因を想定したのです。（I. 313）

シェリングはこのように内在原理、内在原因を無限者から有限者の方向にではなく、有限者から無限者の方向に開かれた活路と見なす。なぜならば、すでに見たとおり、人間精神に知的直観の能力が備わっていると考えるのがカンティアーナーならぬスピノチストシェリングの基本的立場であったからである。

哲学はたしかに無限者から有限者へ移行できませんが、逆に有限者から無限者に移行できます。無限者から有限者への移行を容認しようとしない努力は、まさにそのことによって両者を結合する媒介項となり、それは人間的認識のためでもあります。ですから、無限者から有限者への移行がないとしますと、有限者そのものに無限者への傾向、無限者のうちに自己を喪失しようとする努力が内在すべきなのです。（I, 314f.）

ここに目立つ新しい点は、われわれ人間精神への無限者の内在がわれわれの自己喪失を条件としているということである。この点についてシェリングは随所で強調することになるが（I, 315, 319, 321）、これはいわば「自己滅却」の思想とでも称すべきものであり、A・ピーパーも強調するとおり、この思想は「シェリングのスピノザ風エチカ（Ethik à la Spinoza）の構想・構築に対しても決定的に重要である」(2)。この構想に関する考察の手始めとしてまずは内在思想を再度引用しよう。

無限者への傾向、すなわち無限者の内に自己を喪失しようとする永遠の努力が有限者に備わっている。（I, 315）

これは、シェリングによって次のような実践的「要請」として言い換えられる。「有限者は無限者と同化するよう努力せよ、絶対的客体という無限性の内で没落するよう努力せよ」（ebd.）。あるいはこれはさらに「汝自身を滅却せよ」という端的な「命令」に要約されもするのだが、こうした「要請」、「命令」と関連させて、シェリングはきわめて興味深い問いを立てるに至る。われわれにとって、この問い自体が興味深いばかりでなく、実は後に見るように、同種の問いがギリシア悲劇によって描き出される英雄像に対して向けられるという点でも興味の尽きないものである。さて、その問いとは、すなわち、いかにしてスピノザはそのような要請の矛盾に耐えることができたのか。(ebd.)

これである。見られるとおり、シェリングはスピノザ的「要請」の内に「矛盾」を見出している。けだし、「主体一般が自由の体系の中で重要なのと同様に、自身にとっても重要だったかぎりで、汝自身を滅却せよという命令が実行不可能であろうことをスピノザは重々感じていた」(ebd.) からである。しかも何とも皮肉なことには、「これこそ彼が望んでいた当のものにほかならなかったであろう」(ebd.) と推測される。これぞ「矛盾」でなくして何であろう。シェリングの理解するところでは、「主体は主体であるかぎり、自分で自分を滅却できない。主体は自分を滅却できるためには自己滅却を生き抜かねばならないであろうから。だが、スピノザはそのような主体を知らなかった。彼はかの要請を立てる以前に、主体というかの概念を自ら捨ててしまっていた。」(ebd.)

スピノザ説には「主体」概念が存在しないというシェリングの主張はいったいどこから導き出されたのであろうか。それは、言うまでもなく、『エチカ』の「様態」概念からである。周知のとおり、スピノザは『エチカ』の全体系を「実体」概念から導出していた。シェリングも確言する。「スピノザは無限実体・絶対的客体から出発した」(ebd.) と。これは当然、全存在者をそこから導出すること、言い換えると、無限者から有限者を導出することを意味するが、すでに見たとおり、スピノザは「無限者から有限者への移行」を拒否していた。これまたすでに見たとおり、彼が認めるのは「移行原因」ではなく、「内在原因」のみだった。彼が全存在者を「無限者の諸様態 (Modifikationen)」と見なすのも、このゆえであった（ebd.）。ここに「様態」とは、「実体」、「属性」とともに実体形而上学を構成する基本術語にほかならない。スピノザが主著の冒頭で「様態」を定義するところによれば、「様態（modus）とは実体の変状、言い換えると、他者の内に存在し、それによって考えられるもの」（第一部定義四）であり、これは、「自己の内に存在し、自己によって考えられる」「実体」（同、定義三）の対極をなす。見られるとおり、「実体」とは自存する存在者であるのに対し、「様態」とは他者（「実体」端的には神）に依存する存在者にほかならない。これを『エチカ』の根本テーゼを用いて表現するとすれば、それは、「神の内にすべてがあり、神の外には何もない」（同、定理一五）ということになろう。

われわれ人間主体というものが完璧に否定された、このような「恐るべき思想」に、はたしてわれわれは耐えることができるであろうか。すでに示唆したとおり、シェリングの場合（最終書簡）、ギリシア悲劇の描き出す英雄像に対しても同種の問いが立てられることになるのだが、ここ（第七書簡末尾）では、シェリングは「スピノザみずからこの恐るべき思想に耐えた」（I, 316）と見なしている。それは、彼がそこに神の愛（「無限者の愛」）[3]を感じ取ることができたからである（ebd.）。それはまた、後年の講義（『近世哲学史』）でも強調されるのと同様、讃嘆すべき「静寂」（ebd.）そのものにほかならなかった[4]。

シェリングは第七書簡末尾ではこのように一旦、矛を収めながら、続く書簡（第八書簡）では、矛先を再びスピノザに向け直す。そこで彼は、スピノザがかの「恐るべき思想」に耐えることができたのは「思い違い」、「錯覚」にすぎなかったと主張し始める（I, 317, 319）。シェリングによって再三強調されるとおり、確かにスピノザは「絶対者の知的直観を最高のもの」（I, 317）として認めてはいた。ただし、シェリングに言わせれば、それは「自由」とは無縁のものにすぎなかった。シェリング説において「知的直観」が枢要な位置を占めるのは、それがわれわれに「自由」を保障するものだからである。この点を強調しつつ彼は言う。「知的直観があらゆる感性的直観と区別されるのは、それが自由によってのみ生じるからである」(ebd.) と。あるいはさらに、これを古代的美意識(プラトーン『ファイドロス』(246a) の説く叡知的世界でのイデアの直観) とも結びつけ、これのみが「魂を欠いた死せる体系に命を吹き込むことができる」(I. 318) と強調される。この条など後年 (たとえば『自由論』や『近世哲学史』講義) 厳しくスピノザ説を批判しつつ自説を際立たせる際の常套句を彷彿とさせるが、「こうした知的直観が登場してくるのは」シェリングの場合「われわれがわれわれ自身にとって客体であることを止めるところ、言い換えると、自己自身に連れ戻され、直観する自己が直観される自己と同一であるところであり……客体世界の直観の中で消失したのはわれわれではなく、客体世界がわれわれの直観の中で消失したのである」(I. 319)。スピノザはこれを取り違え、「この自己直観を客体化してしまったのだった」(ebd.)。これが彼の「錯覚」だった。カント哲学の出現以後に活動を開始したシェリングにとって要に位置するものは客体的必然性ではなく、主体的自由であった。「われわれが自分の自我から金輪際離れられない唯一の根拠はわれわれの本質をなす絶対的自由にある」(I. 320)。シェリングはここでさらに『自我論』で「無制約者 das Unbedingte」としての「自我」について述べたのと同様の文言を書き加える。「絶対的自由によって、自我は物 (*Ding*) でも事象でもありえない」(ebd.) と。われわれが「自足」を感じるのもまさしくこの点においてである。古来われわれは「絶対的状態にあっては、われわれ自身の下にあって自足し、外界を必要とせず、それゆえ外界の制限から自由に高度な生を生きる」(I. 321) と感じてきたことがその証左である。シェリングに言わせれば、スピノザは「こうした絶対的状態について嬉々として語れたばかりか、熱狂的に語ることさえできた」(ebd.) のだった。

独断論と批判主義という両極端をなす思想の双方を批判しつつ、その最良の成果をわがものとしようとする大層欲張りな試みのなせる当然の業と言うべきであろうか。『哲学書簡』におけるシェリングの主張、叙述は、まるで振り子のように、こちらに振れたかと思いきや、またあちらに振り戻される。前節で注目した「至福」をめぐる議論では、スピノザ説に対して最高の賛辞が呈されていた。これはまた、射手の名を伏せたまま放たれる攻撃の矢の的——テュービンゲン神学における徳論(「報酬」としての「徳」の説)——を射抜くためのものでもあった。そうしてまた「至福とは徳の報酬ではなく、徳そのものである」という『エチカ』を締めくくる命題は、そのまま「理性の要請」のリストに加えられる。「理性の要請とは、報酬としての幸福をもはや必要としません。ますます理性的に、ますます自立的に、ますます自由になることこそ、理性の要請にほかなりません」(I. 323)。「絶対的自由が存在するところ、絶対的至福も存在し、その逆でもあります」(I. 324) と。「至福」とは、結局のところ、シェリングにとって「叡知的な自己直観」にほかならなかった (I. 326)。

二　絶対自由と悲劇――スピノザ、カント、シェリング

第八書簡でなされた「至福」に関する議論は、続く書簡（第九書簡）でも繰り返される、そこでは、「至福」は徳論をめぐって対立するストア主義とエピクーロス主義が「究極目標において一致する」当のものとして登場する。面白いことに、両説は正反対の方法によって同一の「究極目標」である「至福」に到達する。すなわち、前者は「感性的欲求を何一つ満足させないことによって」、後者は「感性的欲求をすべて満足させることによって」(I, 329)。

見られるとおり、一見対立しているかに見える二つの説も、それぞれがそれぞれの道を徹底して歩みきることによって対立説と一致する。つまり、両説は究極においては一致する。第九書簡では、シェリングはこの論法を用いて理論哲学（実在論と観念論）の領域でも同じようなことを主張するばかりか、『自我論』以来の主要テーマである自由の問題に関しても同様の主張を行うに至る。

自由と必然について考え抜いた人にはこれら両原理が絶対者の中では合一されているに違いないことは自明でした。――自由とは、絶対者が無制約な自力で行為することだし、必然とは、絶対者がそうであるがゆえに自身の存在法則、内的必然性に従って行為することだからです。……絶対的自由と絶対的必然とは同一なのです。（I, 331）

興味深いことには、ここに高らかに宣言されるに至る、いわば「自由必然同一テーゼ」もスピノザ『エチカ』第一部定義七と定理一七から導き出されている。前者に曰く。「自由とは、自身に固有の本性の必然性に基づいて存在し、また自分自身によって行動するように定められているもののことである」。後者に曰く。「神はただ自身の本性の諸法則に従って――行動する。ゆえに、ただ神のみが自由な原因であると帰結する」。シェリングも指摘するとおり(ebd.)、通常、スピノザは自由の反対者と見なされているだけに、シェリングの主張する同一テーゼがスピノザ説に依拠したものであることは注目に値する。彼は後年の『自由論』においてさえ、自由を定義するに際して、ここ『哲学書簡』の場合と同じスピノザの定義、命題に依拠しているほどである(5)。

ともあれ、書簡体の論争的論考のタイトルに掲げられている両説、独断論と批判主義に関しても当然、先の論法は生かされ、両説も究極においては一致することが先の「自由必然同一テーゼ」提示後に確認される(ebd.)。また、両説に相違が認められるのも「目標への接近の仕方」によるものであることも同様に確認される(I. 332)。両説が心がけるべき使命もまたここから自ずと導き出される。シェリングが強調して言うには、

独断論における私の使命とは、私の内なるあらゆる自由な原因性を滅却すること、自分で行為せず、私の内なる絶対的原因性に行為させること……要するに、限りなき無制限の受動性に徹することである。……これとは逆に、批判主義は理論哲学の抗争を、絶対者が私にとって客体であることをやめる

という実践的要請によって解決しなければならない。この要請を私が果たすことができるのは、絶対者を私自身の内で実現するという無限の努力――無制限の能動性によってのみである。……すなわち、批判主義における私の使命とは、不変の自己性、無制約な自由、無制限の活動への努力なのです。

「存在せよ！」これが批判主義の最高の要求なのです。(6)

独断論の要求に対する対立をより際立たせようとすれば、それは以下のようになります。「君を神性に接近させるのではなく、神性が君に無限に接近させるように努力せよ」。（I, 134f.）

ここに掲げられた独断論と批判主義それぞれの究極の「使命」は、われわれに究極の「二者択一」を迫ることになろう。その究極の「二者択一」とは、最終書簡（第一〇書簡）での定式化を用いて示せば次のとおりである。

理性が断念しなければならないのは、客観的叡知的世界か、それとも主観的人格性か、絶対的客体か、それとも絶対的主体――意志の自由――か。（I, 337）

最終書簡冒頭に掲げられる、いわば「悲劇テーゼ」は、こうした究極の「二者択一」に対する、この時点でシェリングが試みる限りでのぎりぎりの解答となっている。それがギリシア悲劇の描く英雄像から導き出されていることもさることながら、これがこの時期の宗教論争文書かつ哲学論争文書の結論をなしていることは括目すべきことである。いやそれどころか、後に考察するように、後年一八〇二年以降の『芸術哲学』講義における彼のまとまった悲劇論（第三章三節で詳説する）に対しても格別の意義を有するものであることも見過ごせない。

さて、第九書簡の末尾で独断論、批判主義という対立する両説の使命を掲げて後、最終書簡冒頭にて、シェリングは例によって「友人」に呼びかける形で、両説を前にしてわれわれの採りうる唯一の可能性として、ギリシア悲劇の描く英雄像を提示する。

あなたは正しいのです。残るはただ一つ。すなわち、われわれの自由を破滅させようとする客体的威力が存在することを認知し、これを心中かたく確信しつつ、この威力に対して闘いを挑み、全自由を賭した挙句に没落するということである。（I, 336）

われわれに迫られている「不変の二者択一」に対してわれわれの採りうる解決の唯一の可能性への手がかりとして、まず「認知」が掲げられていることは、われわれにアリストテレースのある説を想い起こさせる。それ（『詩学』第一一章）によれば、「アナグノーリシス（認知）」に至ると同時に「ペリペテイア（逆転）」が生じるのが悲劇として最高の作品であり、たとえば『オイディプース王』がそれである（1452a32-33）。ただ、シェリングの「悲劇テーゼ」に特有のものとして際立っているのは、「逆転」としての「没落」が自由の実現、顕現として意義づけられている点であろう。これは古代悲劇の近代的解釈と見なしてよかろうが、こうした解釈がカントの自由概念に背を向けるものとして遂行されたという点をわれわれは見落としてはならない。けだし、カントの批判哲学にあっては、シェリングの求める「没落の可能性」はどこにも見出せなかったからである。彼にとっては、その可能性は「芸術」のうちにのみ、しかも「芸術中最高のもの」すなわちギリシア悲劇のうちにのみ見出された[7](ebd.)。

ここ（最終書簡）では、以前の書簡（第七書簡）とは異なって、近代的理性に対してではなく「ギリシア的理性」に対して問いかけられる。すでに指摘したとおり、興味深いことには、この問いかけはすでにスピノザ思想の矛盾に向けられたのと同種の問いかけにほかならなかった。すなわち、

いかにしてギリシア的理性は悲劇の諸矛盾に耐えることができたのか。(ebd.)

ここに「悲劇の諸矛盾」とは、「死すべき者――悲運によって罪人とされ、自ら悲運に対して抗いながら、恐ろしくも運命の仕業であった罪のために罰せられる」(ebd.) ことを意味している。この意味からも察せられるとおり、その典型の一つとして、「父を殺し、母と交わる」という神託、運命に抗いながらも、自身の意に反しそれが成就してしまい、つまりこの闘いに敗北した結果、罰を受けるという、ソフォクレース描くところの英雄像（オイディプース王の姿）を思い浮かべることができるであろうし、シェリングもこうしたコメントの際に念頭に置いていたのも同様の英雄像であったと見て間違いなかろ

うが、このような英雄の姿に、シェリングは「客体的世界の威力と人間的自由との闘争」(ebd.) ばかりでなく、「人間的自由の承認」、「自由にふさわしい栄誉」(ebd.) をも見ようとしている。彼が言うには「ギリシア悲劇は英雄を運命の優位に対して闘わせることによって人間的自由に栄誉を与えたのである」(ebd.)。確かに、これはこの上ない人間の「栄誉」ではあれ、これは「自由の喪失」、「自発的処罰」、「没落」ぬきに獲得できないという皮肉で「おぞましい」(I, 337) ものに違いなく、そこに、シェリングは「偉大な思想」を見出している。彼曰く。

ギリシア悲劇といえども、自由と没落との辻褄を合わせることができなかった。自由を奪われた者だけが運命に屈することができた。――自由の喪失そのものによって自由を証明し、自由意志を宣言しながら没落すべく、避けようもなく犯した罪に対しても自発的に罰せられるというのは、偉大な思想であった。(ebd.)

このように発言した後、シェリングはギリシア芸術が人間性の「規範」となりうることを強調する。「万事そうであるように当該事においてもギリシア芸術が規範であり、ギリシア人ほど人間性に忠実であり続ける民族はいない」(ebd.) と。このように人間性の「規範」となりうるギリシア芸術(端的にはギリシア悲劇)は、「独断論が信奉者たちに打ち明ける不変の二者択一によって、理性をまどろみから目覚めさせるという哲学の最高の関心事」(I, 338) に対してかけがえのない指針を与えうるとシェリングは考える。けだし、ギリシア悲劇は、彼によって、当代の哲学が直面している自由と必然をめぐる「不変の二者択一」すなわち「理性が断念しなければならないのは、客観的叡知的世界か、それとも主観的人格性か、絶対的客体か、それとも絶対的主体——意志の自由——か」(ebd.)という二者択一問題に対する最終的な態度決定を可能にさせる方向性を指し示していると考えられたからである。

ギリシア悲劇の英雄に共感を寄せるシェリングにとって、二者のうち前者(「絶対的客体」)を選択する「独断論」(ここでは端的にはスピノザ主義)は「実践的に」のみ「論駁可能」である。つまり、「独断論に端的な対立説を自己内に実在化することによって論駁可能である」(I, 339)。ここに「対立説を自己内に実在化する」とは、「客観的世界に求めたものを自分自身の中に見出す」(ebd.)ことを意味する。ここでの独断論(スピノザの実体形而上学)批判は、一見、批判主義(カントの批判哲学)に与するのみであるかのように見えはするが、決してそうではない。すでに指摘したように、カント批判哲学(その成果、結果がかの要請論)には「自己滅却」の思想を許容する余地はどこにも見出せない。シェリングがここで強調するのは「自己滅却」の思想なのである。

彼にとって独断論に対する「実践的論駁」とは、次のような「思想」に耐えることにほかならなかった。すなわち「自己滅却に勤しみ、あらゆる自由な因果性を自分の内で廃棄し、客体の無限性の中に自身が遅かれ早かれ(道徳的な)没落を見出す、(自身が)そうした客体の様態である」(ebd.)という「思想」に耐えること、これである。言い換えると、スピノザが自ら望みながら果たせなかった望みを果たすこと、スピノザの『エチカ』がわれわれに突きつける「要求」を実践すること、これである。『哲学書簡』におけるシェリングの主張は、スピノザが望みながら果たせなかった、その望みを実践しているのがギリシア悲劇の英雄であり、われわれはこれを「規範」とすべきだということである。むろん、そこに待ち受けているのが「闘争と没落」（I. 338）のみではあれ、そこ以外に「人間性の救済への最後の望み」（I. 339）はないのである。そこにこそ、この時期のシェリングが構想する「自由の哲学」は存立しえた。この点について彼はその心境を次のように吐露している。

人類は長きにわたって迷信という枷をはめられた後にようやく客体世界に求めていたものを自分自身の内に見出してもよくなり、このことによって異世界への際限なき耽溺から自分の世界へと、自己喪失から——自己性へと、理性の熱狂から——意志の自由へと立ち返ることがかなった。（ebd.）

シェリングによるホンブルガークライスの合言葉「自由精神同盟Bund freier Geiste」への言及もこうした彼の「自由の哲学」の立場からなされていた。すでに触れたとおり（第一章第二節）、彼は第一〇書簡の末尾において、すなわち『哲学書簡』全体を閉じるにあたり、その結句として、この合言葉を掲げたのだった。

第二部　芸術の哲学と悲劇

第四章　芸術の哲学

――『超越論的観念論の体系』（一八〇〇年）と『芸術哲学』講義（一八〇二―〇五年）――

一　「美的革命」とシラー、ヘルダリン、シェリング

第一章冒頭に歴史の皮肉を示す一例としてルターの宗教改革を挙げた。そこで強調したとおり、彼による自由の標榜（「キリスト者の自由」）は皮肉なことにかえって「ドイツの民衆を領邦諸国の狭い枠に閉じ込め、権威の軛につないだ」(1)。農民戦争後における「領邦教会制」の成立である。その後のドイツは「ドイツ帝国の終焉に至るまで延々と中世以来の「ドイツ的自由」（領邦君主の自由と特権）の下に多種多様な領邦国家がひしめき合うドイツ特有の絶対主義体制が維持された(2)。一八世紀末の隣国フランスにおける旧体制（「アンシャンレジーム」）の崩壊もドイツの領邦体制を揺るがしはしたものの、体制崩壊にはつながらず、出口を失った「ドイツの革命」は内部で燻り続けることになる。第一章第二節で見たとおり、

フランス革命期に青春時代を過ごしたヘーゲルやシェリングたちにとって「ドイツにおける革命」とは、カントの批判哲学が標榜する自由の理念に対して期待を寄せるといったものでしかなかった。ヘーゲルより一〇歳余、シェリングより一〇数歳年長のシラーの場合も、彼らに先立って独自に自由の道を模索する以外に方途はなかった。

『群盗』（一七八二年初演）の作者として、人民が自由を求めて立ち上がった隣国での革命にシラーが共感を寄せ、その動向に目を凝らすことになるのは当然のことだった。彼は実際、フランスの新聞雑誌から時々刻々情報を集め続けるばかりか、パリからの帰還者たちからも直接彼らの目撃情報を聞き込んでさえいる。そうこうするうち、一七九二年には『群盗』の仏訳がパリで刊行され、それが革命的市民たちによって熱狂的に支持され、同年八月には国民公会によって、彼に対するフランス市民権の授与が決定されたことも彼の耳に入ってくる。ところが、同年末における国民公会による国王の処刑要求に接するや、彼は革命にきっぱりと背を向ける。革命的市民たちは「方向を失った」（XXIII. 172）[3]と見なしたためである（九二年一二月二一日付ケルナー宛書簡）。翌年夏（七月一三日）デンマーク王子アウグステンブルクに宛てて認《したた》められた書簡では、「神聖なる人権を組み入れ、政治的自由を獲得しようとするフランス国民の企ては、ただ彼らの無能と不遜を白日の下にさらすことになりました。また、それはこの不幸な国民のみならず、彼らとともにヨーロッパ本体を、一世紀にわたって野蛮と隷属に引き戻してしまったのです」（XXVI. 180）と記される。[4]当時彼は恩人のデンマーク王子に宛てた書簡（『アウグステンブルク書簡』）の形で自らの美学思想を世に問おうとしていたのだが、それは、彼が隣国での「恐怖政治」の惨状を前にして、国民の美的感受性を育成する必要性を痛感したことが機縁となっていた[5]。フランス革命に対するドイツにおけるリアクションを象徴する『人間の美的教育書簡』は、九三年から九四年にかけて『アウグステンブルク書簡』として執筆していたものを、病から癒えた九五年になって改稿し、題名も「人間の美的教育について、一連の書簡 Über die ästhetische Erziehung des Menschen in einer Reihe von Briefen」に変更し、自身の編集する『ホーレン』誌に三回にわたり掲載したものである[6]。当『書簡』最初の数書簡には、彼の時代認識とそこから引き出された課題が明瞭に綴られている。

「時代の声」は「真の政治的自由の確立に取り組むべし」と強く訴えており、「期待一杯世人ばかりか哲人の視線まで、今や人類の大いなる運命が審理されると思われる政治的舞台に釘づけになっている」(XX, 311)。ところが、審理の結果は惨憺たるものでしかなかった。その次第をシラーは彼流の「啓蒙の弁証法」とでも名づけうる筆致で描き出す。「啓蒙された」「時代」の後に「野蛮」が到来したためである。「時代は啓蒙されている」と時代状況を総括しながら、「われわれが相変わらず野蛮人であり続ける理由がどこにあろうか」(XX, 331) と彼は問いかけている。彼の診断によれば、「時代の精神は倒錯と粗暴、不自然とむき出しの自然、迷信と不徳との間を動揺するばかりで」、時折訪れる小康状態も「災厄の平衡状態」(ebd.) でしかない。「現代のドラマに描き出されている姿」は「こちらに粗暴、かしこに退嬰」といった「人間的堕落の両極」が「一つの時代に一つにされている」(XX, 319) 有様、惨状である。一方は下層の衝動に歴然と現れており、それは「市民的秩序という絆の解体によって鎖を解かれ、御しがたい憤怒に駆られ獣的満足を得るに急である」(ebd.)。他方、上層では、「性格の退嬰と退廃というもっと厭わしい光景が広がっている」(XX, 320)。「ある哲学者」(プラトーン)も言うとおり、「崩壊時における高貴なものほどおぞましいものはない」(ebd.)。

『書簡』には例の古代近代論争に連なる両者の比較論が諸所方々に散りばめられているが、それらは皆、古代を理想的規範と見なし、そこから近代を批判するという古典主義に彩られていた。たとえば、ギリシアの人間性に対する讃嘆。シラーはそれを古典期にのみ成立しえた再現不可能な「極限」と見なしてさえいる。けだし、「感性」と「知性」とが分ち難く一つに統一されているという状態は後にも先にも見られず、この時期にのみ特有のものだからである(XX, 326)。然るに現今では、人間性はその「正反対」の様相を呈しており、「分裂」に苛まれている(XX, 328f.)。「内なる人間の分裂」が癒されないかぎり、「調和の法則」も個人に対しては「圧制」となるほかない(ebd.)。むろん個人に関して言えることは国家に関しても言える。近代国家は、有機的で調和的だった古代国家とは異なり、「無数の命なき諸部分の寄せ集めから機械的な生全体が形成されるという精巧な時計仕掛けに場所を譲ってしまい……人間は全体の小さな破片に絶えず縛りつけられているうちに自ら破片と化してしまった」(XX, 323)(7)。ここでわれわれは国家の改造、ひいては人間の改造という課題に直面する。「時代の性格はその深い尊厳の失墜から立ち直らねばならない」(XX, 329)。ただ厄介なことには、歯車を止めて修理できる時計とは異なり、「国家という生きた時計は動かしながら修理しなければならない」(XX, 314)。ために「ある支柱」が必要とされるが、シラーによれば、それは、狂暴で手のつけられない「自然的性格」(「恣意」)の内にも、立法者の計算どおりにならない「道徳的性格」(「自由」)の内にも見出されず、両性格を併せ持った別の性格（「第三性格」）の内にのみ見出される（XX, 315）。彼の考えるところ、「そのような性格が一民族の中で優位を占める場合にのみ、道徳的諸原理に基づく国家の改造も首尾よく成就されうる」（ebd.）。

ここに「政治的革命」に先行する「美的革命」という課題が喫緊の課題として浮上してくる。シラーは第二書簡ですでにこれを次のように明記していた。「かの政治問題を、経験を積みつつ解決してゆくために、われわれの進むべき道は美的問題を経過するものでなければならない」（XX, 312）と。シラーの『美的教育書簡』のうちには、隣国での「政治的革命」とは異質の「美的革命」への希求が間違いなく見出される。『書簡』に提示されている根本テーゼは、「政治的革命」、「国家の改造」に向けての「美的革命」の不可欠性を宣言するものにほかならなかった。この点、第九書簡では次のように言われる。

> 政治性格の改善はすべて性格そのものの高尚化から出発すべきです。——しかしながら、野蛮な国家機構の影響下にあって、どうして性格が高尚になりうるでしょうか。結局、この目的のためには、国家が提供しない手段を探し出し、あらゆる政治的腐敗にもかかわらず、純粋無垢に保たれている源泉をそのために開拓せざるをえないでしょう。
>
> 今や私は、これまでの一切の考察が目指してきた地点に到達しました。この手段こそ美しき芸術であり、この源泉こそ、その不滅の規範の中で開拓されるのです。（XX, 332f.）

見られるとおり、彼にとって、「結局のところ、芸術がフランス革命に対する唯一の解答であった」[8]。然り。ただ問題は芸術の中身である。彼にとって、それはカント批判哲学との対決によって獲得された。すでに見たとおり（第一章第二節）、また先ほども触れたとおり、シェリングやヘーゲルたちは「自由の哲学」としてのカントの批判哲学とその完成に「ドイツにおける革命」を期待していた[9]。シラーの試みも、カント批判哲学の成果とその改変、具体的に言えば、それに特有の二元論を克服し、その主観性を払拭しようとするものにほかならなかった。シラーはそれに際し、「現象界における業務執行人」としての「衝動」を呼び出す。「衝動こそ、情感世界における唯一の動力」と考えられたからである（XX, 330f.）。シラーはこのような考えから、カント批判哲学における感性と理性との対立を「感性衝動」（もしくは「素材衝動」）と「形式衝動」との対立に置き換え（XX, 344 f.）、かつ両衝動の対立を、カントのように前者に対する後者の優位によってではなく、両衝動の「交互作用」（フィヒテ）によって克服しようとする（XX, 352）。「交互作用」によって「両衝動がその中で一つになっている」衝動は「遊戯衝動」（XX, 353）と名づけられるが、それは、この衝動が「一切の強制を廃棄し、人間を自然的にも道徳的にも自由にするであろう」（XX, 354）からである。「遊戯衝動」は、このようなものとして、すなわち「人間が自身の現存の完成されている場合にのみ解決しうる理性の課題」として「語の最も本来的な意味での人間性の理念」（XX, 352f.）にほかならなかった。

『美的教育書簡』の準備稿となったアウグステンブルク宛書簡（一七九三年九月二日付）でもすでに、「美」とわれわれの認識能力との関係を、カントのように「感情力の、経験的規則にしか相応しない単に主観的な戯れ」とは考えず、「美も真理や正義同様、永遠の基礎に基づいているに違いない、つまり、理性の根源的法則が趣味の法則でもあるに違いない」(XXVI, 185)とシラーは考えていたのだったが、こうした思考法は、明らかに拡張的思考法、批判哲学的意味においては非学問的「越権的」思考法と見なすほかないものであろう。第一書簡にてシラーの弁明するところによれば、『書簡』での「以下の主張が主としてカントの諸原理に基づいていること」に相違はないが、それらをめぐって生じている係争問題に関しては哲学者に委ね、彼は専門的形式にはこだわらず、むしろ彼の主張が「常識という古言として現れるであろう」ことも辞さないというものだった(XX, 309f.)。実際のところ、シラーは「常識」の上にしっかり足場を置いて、「越権」をものともせず、異領域間を自由自在に行き来する。『書簡』の語法、論法全体を彩っているのはこれである。たとえば、カント(第三批判)にあっては、想像力と知性との間に想定されていた「自由な遊戯」[10](V, 217, 287)を、シラーは感性(自然、傾向)と理性(道徳、意志)との間に持ち込み、「遊戯衝動」の概念を導入したし、他面でも同様に、自由の理念を前提し、それを実践理性の要請と見なすことによって道徳論を構築したカント(第二批判)の論法を、シラーは自身の美の理論に持ち込み、「完成された人間性」の理念を前提とした美の理論を打ち立てる[11]。

理性は超越論的諸根拠から形式衝動と素材衝動との間に連帯すなわち遊戯衝動がなければならぬと要求する。実在と形式、偶然と必然、受難と解放との統一のみが人間性の概念を完成するからである。
理性がこのような要求をせざるをえないのは、本性上、完成と全制限の撤廃を強く要請するからである。……それゆえ、人間性は存在すべしと理性が要求するや、まさにそれによって美は存在すべしという法則を理性は樹立したことになる。（XX, 356）

このようにシラーは「人間性の理念」を「美の理念」に結びつける。シラーが「美」を「単なる生命」（バーク）でもなく「単なる形態」（バウムガルテン、メングス等）でもなく（XX, 357f.）、「生ける形態」と見なすのは、生命なき大理石の塊も建築家や彫刻家の手によって初めてそのようなものとなるからであって、人間は人間だというだけでそのようなものだというわけではない。「人間は生きもので、形態をもってはいても、まだ生ける形態ではない。そうなるためには、彼の形態が生命で、彼の形態が生命であることが必要」（XX, 355）だからである。それゆえ、人間が美しいと判断されるには、そこに、ギリシア彫像に見られるような「生ける形態」が認められねばならない。「美は単なる生命でも、単なる形態でもなく、人間に絶対的形式性と絶対的実在性という二重の法則を賦与することによって生ける形態とならねばならない、すなわち美しくならねばならない」（XX, 358f.）。「人間の美の理想」、「人間性の完成」とはこのようなものであり、「人間の遊戯衝動を満足させる」（XX, 358）ものもこれなのである。言い換えると、シラーにとって「美」とは、素材衝動と形式衝動という「両衝動の共通の対象すなわち遊戯衝動の対象」（XX, 356 f.）にほかならない。そこでは「自然法則の物質的強制も道徳法則の精神的強制も、両世界を同時に包含した必然性という、より高次の概念の中で消滅したのであり、両必然性の統一から真の自由が両世界に出現した。こうした精神に鼓吹されて彼らは彼らの理想の顔貌から傾向とともに意志の全痕跡をも消し去った」(XX, 359)。『美的教育書簡』中しばしば引用される次の発言はこのようなコンテクストの中で語られた(12)。

快や善や完全に対して人間はまじめなだけだが、美とは彼は遊ぶ。(XX, 358)

人間は語の完全な意味で人間である時にのみ遊ぶのであり、遊ぶ時にのみ全き人間である。(XX, 359)

後に再論するつもりだが(本章第三節)、前もって少々触れておくと、シラーの『美的教育書簡』ならびにシェリングの『哲学書簡』(前半部)を受けて、ほぼ同時期に『美的教育新書簡』を著そうとしていたヘルダリンは、カント的二元論の克服を、シェリング同様、対立を消滅させる「知的直観」に求め、かつ後のシェリング(超越論体系のシェリング)を先取りする形で、「美的心情」としての「知的直観」を対立消滅「原理」と見なすに至っている。一七九六年二月、ヘルダリンは、シェリングの書簡体神学論争文『哲学書簡』(本書第一章参照)を自編の『哲学雑誌』に掲載したシュティフトの先輩ニートハンマーに宛てて、「主体と客体、自我と世界、むろんまた理論と啓示との闘争を、実践理性の助けを借りずに理論的に、知的直観において消滅させうる可能性を有する原理」が「美的心情」にあるという自説を書き送っている(VI, 203)(13)。

このようなヘルダリンの美の思想との関連から、ここで、かの『体系綱領』に言及しておこう。その末尾には結論的に「真と善とは美の内においてのみ姉妹の如く仲睦み合う」というロマン派的な「芸術至上テーゼ」が掲げられているからである。

周知のとおり、いわゆる『体系綱領』は二〇世紀初頭の一九一七年、無署名で無題の断片的草稿としてローゼンツヴァイクによって発見され、彼によって「ドイツ観念論最古の体系綱領 Das älteste Systemprogramm des deutschen Idealismus」と名づけられたものである。当草稿、無題のまま遺されたことに関しては問題なく、ローゼンツヴァイクの命名をわれわれは踏襲しているが、草稿が無署名のまま遺されたことは著者問題を引き起こし、今日なお草稿の著者が誰だったかに関しては見解が分かれている。遺されたテクストの筆跡がヘーゲルのものだという点では一致を見ながら、著者は筆記者のヘーゲルだとする説もあれば、ヘーゲルは筆記者にすぎず、真の著者はシェリングだとする説あるいはヘルダリンだとする説、さらには三者を含む複数の者による共作だとする説まであり[14]、管見の限りでは、著者問題に関しては決着つけようがないというのが実情である。筆者がこれまで表明してきた見解は、これに加え、『体系綱領』最後に登場する「美のイデア」に関する説はヘルダリンのものであろうというものである[15]。

『体系綱領』では、形而上学がそこに帰着すべき倫理学、実践的要請としての自由の理念、哲学によって指定されるべき自然学上の諸理念、国家廃絶を要求する人間性の理念等、様々な理念を俎上に載せた後、最後に「全理念を合一する理念、美のイデア」が取り上げられる。

最後に、全理念を合一する理念、プラトーン的に高次な意味で捉えられる美のイデア。今や私の確信するところによれば、理性はあらゆる理念を包括するのだから、理性の最高の行為が美しい行為であり、また真と善とは美の内においてのみ姉妹の如く仲睦み合う(16)。

ここに「美のイデア」が「プラトーン的に高次な意味で捉えられる」とは、一つにはプラトーンにとって最高のイデアは「善のイデア」にほかならないという彼のイデア論の中心説が意識された発言であるとともに(17)、今一つには「美のイデア」が他の諸々のイデアを合一するイデアと見なす自説を暗示するための注釈であろう。このように『体系綱領』で提起される「全イデアを合一する理念」としての「美のイデア」の思想は、これまで折に触れ主張してきた私見によれば、ヘルダリンが一七九四年秋に構想した『美のイデア』論文で表明されたであろう合一思想を想起させるものである。友人ノイファー宛(一〇月一〇日付)に認められた文面によれば、それは「プラトーンの『ファイドロス』注解」ともなりうるものであり、「これによってカントの分析〔『判断力批判』における美と崇高の分析〕が単純化され多面化される。すでにシラーが『優美と尊厳』に関する論文の中でこのことを部分的に行いはしたが、思うに期待させたほどには彼はカントの限界を踏み越えようとはしなかった」(VI, 137)。見られるとおり、『美のイデア』論文においてヘルダリンはカント説とシラー説双方の乗り越えを企てようとしていたことが分かる。

『優美と尊厳』(一七九三年)の中で、シラーは、人間に理性による感性の克服のための無窮の努力を要求するカント説のうちに「優美さを尻込みさせる厳格さ」、「陰気で僧侶的な禁欲の教え」(V. 465)を認め、カントのこうしたリゴリズムには期待できない感性と理性、傾向と義務の麗しい優雅な調和を愛の内に見出す。D・ヘンリッヒの指摘によれば、シラーはここで自己の全体への欲求というプラトーンの愛の説に従っている。[18]「愛とは自己自身を求めようとする傾向である」とシラーは言う。「そこには尊厳と美における自己模倣、倫理性における自足がある。……傾向的心情は愛の内で解消される。……純粋な精神は尊敬できない。ただ愛せるだけである」(V. 480)。ここでシラーが愛を感性と合一する理性の傾向性として規定しているとすれば、この規定は理性(自由)と傾向性(自然)を峻別したカント説と明らかに矛盾する。ヘルダリンは理性と感性、義務と傾向との一致に関するシラーのこのような逆説的解決に満足しなかった。ヘルダリンにあっては、生の二つの対立する傾向は同一の起源から捉えられねばならないと考えられた。彼はカント説、シラー説双方の乗り越えというこの課題を一八世紀におけるプラトーン的な合一哲学の伝統に棹さすことによって果たそうとしたのである。[19]プラトーンの『ファイドロス』注解ともなりうる、カント-シラー説乗り越えの試みとして構想された『美のイデア』論文は実際には世に現れなかった。筆者は他の機会に、K・デュージングの指摘に従いつつ、その企ての一部を、『ヒュペーリオン』韻文稿や韻文稿散文草案や『ヒュペーリオンの青年時代』の冒頭から再構成してみた。[20]ここではそれを繰り返さず、目下のテーマである『体系綱領』における「芸術至上テーゼ」の問題に戻る。

このテーゼも、プラトーン的「美のイデア」の提示とともに、シラーを経由したヘルダリン説に基づくと見なすのが筆者の見解である。注目すべきことには、シェリングも早晩、明確に同様のロマン派的な「芸術至上テーゼ」を掲げるに至る。一八〇〇年に刊行される『超越論的観念論の体系』である。然るに、一八〇二年に開始される『芸術哲学』講義になると根本的に立場を変え、芸術を哲学の下に包摂するという挙に出る。講義開始前年に提唱した同一哲学という哲学の下にである。これは、豹変と言うほかなくシェリング芸術哲学を論じる上でゆるがせにできない大問題である。[21] この問題を論じるのが本章の以下の論述の課題である。

われわれの論述を開始する前に若干付言を。——超越論体系における芸術哲学と講義における芸術哲学とは、今指摘した点で、截然と区別すべきであるにもかかわらず、それを無視し、後者をもロマン的と見なす論者が後を絶たないからである。たとえばそれを「初期ロマン主義」の一角に据えるW・イェシュケ。[22] われわれは「美的革命」なる語を、彼がフリードリヒ・シュレーゲル（『ギリシア文学研究』一七九七年）の発言に注目しつつ、ヘーゲルの芸術終焉論に至るまでの当時の動向をこの語によって特徴づけた論考から借りているのだが、彼の論考で腑に落ちないもう一つの点は「美的革命」を論じながら、彼が肝心のシラーの『美的教育書簡』を考察の埒外においていることである。[23] 上に見たとおり、それは、われわれがドイツにおける「美的革命」の意義を理解する上で看過できない最重要文献にほかならない。もっとも、イェシュケの論考、彼の編著の序論として執筆されたものであるだけに、一七九五年から一八〇五年にかけての「美的革命」動向の基本的論点を手際よく取り上げ、要領よく論じている。それらの内の重要論点、神話問題についても、またヘーゲルの芸術終焉論についても、ここでは考察を加える余地を見出せなかった。前者については彼の論考[24]とともに、筆者のこれまでの諸論[25]を、後者については、同じく彼の論考中の該当箇所（特にヘーゲルの『自然法論』関連箇所[26]）とともに、同論でのヘーゲルの悲劇論も含め、小川真人の力作[27]を参照されたい。

二　美的観念論（『超越論的観念論の体系』一八〇〇年）

前章でわれわれは宗教論争文書『哲学書簡』で提唱された「自己滅却」の思想に注目した。これは、シェリングがギリシア悲劇の英雄像から導き出した一種の過激思想だった。後年における「美的直観」の提唱に関連する諸問題を考察するに先立ち、当『書簡』の最終書簡（第一〇書簡）から、その冒頭部分を再度引用し、前章で加えたコメントを復唱するとしよう。シェリングが自身の取り組んでいる課題に応答しうる唯一のものとして挙げていたのは次の点だった。すなわち、

それは、われわれの自由を破滅させようとする客体的威力が存在することを認知することであり、このことを心中かたく確信しつつ——この威力に対して闘いを挑み、全自由を賭した挙句に没落することである。この可能性は、理性という光の前では消失しているにせよ、芸術のために——芸術中最高のもののために——用意されているに違いない。（I, 336）

第九書簡の末尾に掲げられていたとおり、「不変の自己性、無制約な自由、無際限な活動への努力」は「批判主義の最高の要求」(I. 335) であったが、批判主義が要請するのは「無限の努力」、「無際限の能動性」(ebd.) であって、「没落」ではけっしてなかった。「没落」はむしろ教条主義もしくは独断論が要請するところのものであった。ただし、それは「没落」、「自己滅却」といっても、批判主義の場合とは異なり、その逆の「無際限の受動性」(I. 334) に留まる。だが、ギリシア悲劇の英雄に認められる「自己滅却」は教条主義・独断論のそれとは異なって、むしろそれに対する「実践的論駁」となりうるものであり、そうであるがゆえに、まさにそこに対立する両説を統合する可能性も認められる。フィヒテによって哲学における究極の立場、両極端と見なされ、シェリングも注目したスピノザの実体哲学とカントの批判哲学との対立は、『哲学書簡』最終書簡(一七九六年)のシェリングによってギリシア悲劇の英雄像の中にその合一の可能性が見出されるに至った。これは、P・ソンディも指摘するように、後に『超越論的観念論の体系』(一八〇〇年)で展開される芸術哲学の先取りとなっていると見なすこともできるであろう[28]。実際に、当『体系』においては、『哲学書簡』ではそこに対立の合一の可能性が認められたギリシア悲劇の英雄像は、歴史の領域へ、さらに宗教の領域へ移された後、最終的には芸術の領域(端的には「天才」概念)に持ち込まれる。

ここで思想形成の歩みを出発点に巻き戻して見直しておくとすれば、哲学に取り組み始めた折、理論哲学と実践哲学との統一、合一を自身の哲学の課題とした若きシェリングは、こうした課題に沿って最初に体系構想を立てて以来、両者を常に実在系列と観念系列という二大系列として平行させせつつ課題解決を目指してきた。最初の体系構想時、彼はすでに「理論哲学にとって自然学に当たるものが実践哲学にとって歴史である」(II, 4) と見なしていた。『自然哲学考案』(一七九七年) に始まる自然哲学的諸著作によって前者の課題に取り組まれ、『超越論的観念論の体系』(一八〇〇年) において後者の課題に取り組まれることになるが、そこでも最初の構想時における「平行論」は維持されている。『体系』「序言」に言う。「著者を主として駆り立ててきたものは……自身長らく導かれてきた自然と知性との平行論 (Parallelismus) であった。これを完全に叙述するのは超越論哲学だけでも自然哲学だけでも不可能であり、両学によってのみ可能となる」(III, 331)。[29]

このような平行論の観点から、「知性は意識、自然は無意識と考えられ」、そこから超越論哲学の課題も立てられる。「各々の知において両者が相互に一致する必要があり、この一致を説明する」(III, 340) という課題である。こうした一致を説明するために、シェリングは理論哲学と実践哲学双方に即してそれを試みるのだが、これらはともに「自己意識の連続的な歴史」(III, 331) として叙述される。無意識から出発して意識へと至る諸表象の階梯の「観念的」な演繹としては、すでにライプニッツのそれ (いわゆる「モナド論」) があり、シェリングによる演繹もこれに倣うものではあったが、相違は、演繹の出発点に主客合一を根本規定とする「絶対的総合」もしくは「絶対的自由」としての「自己意識」が据えられ、これが「哲学するわれわれ」によって「個々の諸行為に分解」され、これらが「絶対的総合を媒介する諸分肢」として「継起的 sukzessiv」に叙述される (III, 388f.) という点にあった。[30]

通常ならば、実践哲学では然るべき「道徳哲学」が樹立されるものだが、シェリングが超越論体系の

「実践哲学」章（第四章）において樹立しようとするのは、「道徳哲学ではなく、道徳概念一般を考え説明できることの超越論的演繹」（III, 532）である。ここでは当然、個人の自由が前提されるが、個人はそうであるがゆえに、道徳法則に従って行為することも行為しないこともできる。したがって、「法制Rechtsverfassung」が「第二の自然」（III, 583）として立てられねばならない。しかも、国家内においてのみならず、諸国家間においても。[31] 彼は、カントに倣いつつ、諸国家間に樹立されるべき「世界公民的法制 weltbürgerliche Verfassung」のうちに「歴史の唯一の根拠」（III, 592）を見出す。しかしながら、シェリングの見るところ、このようなものとしての法制に人類が到達することは期待薄である。彼に言わせると、理想への到達は「今迄経過した限りの経験から推量もできず、理論的にア・プ・リ・オ・リ・に証明もできず、ただ活動し行動する人間の永遠の信条でしかなかろう」（III, 593）。けだし、「理論的にア・プ・リ・オ・リ・に証明できない」のは、「人間が歴史を有するのは、人間のなすことを理論に従って事前に算定できない」（III, 589）からであり、古典的諸国民（たとえばローマ人たち）の経験に従えば、従来の歴史がわれわれに示していることは、人類の理想実現のための前提となる「進歩」よりは、むしろ「退歩」だからである（III, 592f.）。

ここに至ってようやく、彼は、彼にとっての歴史哲学、その「主要性格」（III, 593）の吟味に至り着く。彼にとって「歴史の主要性格」とは、「自由と必然とを合一において叙述すること」（ebd.）、これである。これはまた「超越論哲学の最高問題」（III, 594）にほかならなかった。われわれの掲げるテーマにとって興味深いのは、実践哲学の領域における歴史哲学的吟味の中に、『哲学書簡』でギリシア悲劇の英雄に認められた、いわば「絶対自由」の思想が盛り込まれていることである。今見たとおり、彼は『体系』の歴史哲学の「主要性格」を「自由と必然とを合一において叙述すること」に見、それによって、「自由は必然、必然は自由たるべし」という「超越論哲学の最高の問題」(III, 594)を解こうとする。

こうした超越論哲学的課題を解くために持ち出される概念は、超越論体系全体を貫く基本概念である「意識」と「無意識」という対立概念、概念対である。先の課題提起に続いてシェリングは指摘する。「自由と対立する必然は無意識にほかならない。私の中で無意識的なものは非恣意的であり、意識を伴うものは私の意欲によって私の中にある」(ebd.)と。特にギリシア悲劇においてドラマの中枢を担う「運命」も、またキリスト教の中心概念の一つである「摂理」も同様である。彼曰く。

自由の中に再び必然があるはずだということは……私が意図しなかったことが私の関与なしに実現するはずだということと同じである。……いかに逆説的に見えようとも、この命題は、自由と隠れた必然との関係、一般に想定され前提される両者の関係に関する超越的表現にほかならない。これは、運命と呼ばれたり、摂理と呼ばれたりするが、このように呼ばれるのは、一方においても他方においても明確なことが考えられないであろうからである。(ebd.)

シェリングに言わせれば、「隠れた必然が人間の自由の中にこのように入り込む」のは「悲劇的芸術」(III, 595)の場合のみならず、人間の行動、ひいてはそれらが織りなす「全歴史」の場合も同様である。片や、悲劇における「運命」の観念が現実の歴史解釈に持ち込まれると、人間の自由を否定する「予定されたもの」の実現、「盲目的な宿命」を想定する「宿命論」が成立することになるし、それとは反対に「法則も必然もないと主張」されるならば「無神論」が成立することになるが、シェリングはどちらにも与せず、彼にとっては、それが彼の抱く「絶対自由」の思想の体現を意味する「予定調和」としての「宗教」の立場に身を置く（III, 600f.）。

周知のとおり、「予定調和」の思想はすでにライプニッツによって唱えられ、またそれはレッシングによって「漸進的啓示」[32]の思想として歴史哲学的に練り直されていた。シェリングは両者を睨みつつ、『体系』において彼独自の啓示思想を展開する。通説（ヤコービ説『スピノザ書簡』付録VI）ではライプニッツの「予定調和」は「知性と有機体との間に直接生ずる」とされたが、シェリングの要請するそれは「自由に活動する限りの知性と無意識に直観する限りの知性との調和」（III, 499f.）にほかならなかったし、レッシングにあっては、「新しい永遠の福音の時代」としての人類の完成の時代（第三の時代）の到来への期待（第八六節）が語られたが[33]、シェリングにあっては、これは不定の未来へと先送りされ、結局のところ、芸術に期待が寄せられる。彼は『体系』において「芸術哲学」を述べるに先立って、「歴史哲学」に一節を設け、そこに彼が後々晩年に至るまで取り組むことになる「啓示の哲学」のトルソーを素描している。

そこでも、彼は歴史の発展を三段階に分けて考察するのだが[34]、いずれの段階、いずれの時代に対しても、彼はペシミスティックな見方しかできない。まず最初の時代（「第一の時代」）からして、それは「運命」や「盲目的威力」の支配する「悲劇的時代」(III, 603f.) にすぎないし、続く時代(「第二の時代」)も法制や国家といった「開かれた自然法則」が「自由や抑制のきかない恣意を強制する」ものの、それによって「機械的法則性を招き寄せる」(III, 604) にすぎない[35]。そこに累々と横たわっているのは「自然への弁済に供された犠牲」(ebd.) ばかりである。そこでわれわれとしては「摂理」の時代としての未来(「第三の時代」)に期待をかけるほかないが、悲しいかな「この時代がいつ始まるか言えないことをわれわれは知っている」(ebd.)[36]。

このように対立の克服、対立者の合一(実在と観念、必然と自由、無意識と意識との絶対的同一性)は、シェリングによって、自然哲学(理論哲学)の中にも歴史哲学(実践哲学)の中にも探し求められてきたが、いずれにおいても、それは「要請」の域を出なかった[37]。ところが、『体系』の最終章(第六章)に至るや、「美的直観において実践哲学の要請同様、理論哲学の要請も廃棄されることになる」[38]。『哲学書簡』に予示されていた芸術の秘められた可能性[39]が、ここ『体系』において全面展開する。また、『体系』の第四章で表明された「啓示の哲学」ですら、同『体系』の最終章では芸術の核心をなすものとして装いを新たに登場することになる。

三 「全穹窿の要石」としての芸術哲学(ヘルダリンとシェリング)

ここで再び、かつての『哲学書簡』の最終書簡における、かの「芸術至上のテーゼ」を想い起こすとすれば、そこでは、悲劇の英雄像に認められた「自由」の貫徹とそれによる「没落」の可能性は、「理性の光」——理論理性のそれであれ、実践理性のそれであれ——その前には見出されず、その外すなわち非理性、芸術の領域においてのみ見出される。『哲学書簡』後半部刊行四年後に登場する『体系』にあっては、その折強調されていた「客観的威力」——「自由を破滅させようとする客観的威力」——は「意識」によってコントロール不能な「無意識」として規定し直され、芸術は「無意識と意識との根源的同一性」を記録し続ける「最高のもの」として、いわば「哲学の普遍的器官（Organon）」もしくは「全穹窿の要石（Schlußstein）」（III, 349）に位置づけられる。芸術がこのような「器官」として機能するのは、一方では、超越論体系が「主観的観念論」から「客観的観念論」に転換することから生ずる問題圏においてであり、他方では、自然と歴史の問題に関して哲学が自身に立てた「要請」を芸術が達成するかどうかの吟味に対する「解答」としてである(40)。また、「要石」の意味するところは、建造物の最終のもの（Schluß）、たとえば「神殿のアクロテーリコン（破風装飾）」などではなく、「それが欠けると建物が倒壊してしまう建造物の内的な構成要素」、「建造物の担い手」である(41)。

これまで繰り返し引用されてきた『体系』序論および最終章における、かの根本テーゼに曰く。

> 客体的世界は精神のなお無意識ながら根源的な詩情にほかならない。すなわち、哲学の普遍的器官（Organon）にして全穹窿の要石（Schlußstein）——芸術の哲学にほかならない。（III, 349）

芸術は哲学の真実永遠な唯一の器官（Organon）にして記録（Dokument）である。[42] これは哲学が外的に表現できないもの、すなわち行為と産出における無意識および無意識と意識との根源的同一性を不断に新たに記録する。芸術が哲学者にとって最高のものであるのはまさしく芸術が哲学者に聖域をいわば開帳するからであり、そこでは自然と歴史の中で隔てられ、思考同様、生と行為の中で永遠に流失せざるをえないものが永遠で根源的な合一いわば一つの炎に焼かれるのである。（III, 627）

理論哲学と実践哲学との統一、合一を自身の哲学の課題とした若きシェリングは、こうした課題に沿って最初に体系構想を立てて以来、両者を常に実在系列と観念系列という二大系列として平行させつつ課題解決を目指してきた。繰り返しになるが、すでに指摘したとおり、最初の体系構想時、彼はすでに「理論哲学にとって自然学に当たるものが実践哲学にとって歴史である」（II, 4）と見なしていた。『自然哲学考案』（一七九七年）に始まる自然哲学的諸著作によって前者の課題に取り組まれ、『超越論的観念論の体系』（一八〇〇年）において後者の課題に取り組まれることになるが、そこでも最初の構想時における「平行論」は維持されていた。

このような平行論の観点から、「知性は意識、自然は無意識と考えられ」、そこから超越論哲学の課題も立てられる。「各々の知において両者が相互に一致する必要があり、この一致を説明する」（III, 340）という課題である。たとえば一方で、自然は無意識（無機物）から意識（有機体）へ発展すると見なしうるが、有機体において無意識と意識が完璧に合致するわけではない。われわれのような高度に発達した有機体である人間でさえ、自身の身体、思考を完全に意識的にコントロールできないことは日々体験しているとおりである。(43) 他方で歴史も無意識から意識の方向に発展すると見なしうるにせよ、そこでも両者の合致は期待できそうにない。前節末尾に注目したとおり、自然哲学（理論哲学）によっても歴史哲学（実践哲学）によっても達成できなかった両者の合致、対立者の合一が芸術哲学において達成される。『体系』の最終章（第六章）である。先に引用した『体系』の根本テーゼを持ち出して言えば、芸術は対立者を一つに焼き尽くす「炎」を「美的直観」として有しているからである。芸術が「哲学では外的に表現できないもの」の「記録」となりうるのもこの直観による。こうした直観すなわち「美的直観」とは、かの根本規定によれば、「客体的となった知的直観」（III, 625）にほかならなかった。後年シェリングはこの規定に対して自身の手沢本に次のような書き込みを行っている。

> 全哲学は絶対的原理としてあり同時に同一なものである一原理から出発し、かつ出発しなければならない。絶対的単一者、同一者は記述によって、ましてや概念によって把握も伝達もされえない。それはただ直観されうるのみである。そのような直観こそ全哲学の器官（das Organ aller Philosophie）である。――だが感性的でなく知的である……このような直観はそれ自身それだけでは再び客体的となりえない内的直観にすぎない。この直観が客体的となりうるのはある第二の直観によってのみであり、この第二の直観こそ美的直観である。
>
> （ebd.）

手沢本では「第二の直観」に位置づけられる「美的直観」(総じて「芸術」)も、『体系』全体に付された「総注」では、以下のような意味で「知的直観」(総じて「哲学」)に匹敵するものとして同等に、あるいはそれを凌ぐものとして最大限に評価されもする。すなわち、「哲学者にとって知的直観であるものが哲学者の客体にかかわる美的直観である」(III, 630)というように同等に評価されるばかりか、『体系』最終章には「美的直観」ひいては「芸術」を特別視する文言がふんだんに盛り込まれる。ところが、そうなると、それによってかえってある疑念が生じかねない。それを察知してか、シェリング自ら「学問であるはずの哲学が何ゆえまったく普遍妥当するものとなりえないのか」(ebd.)という問いを発し、自身で発したこの問いに自ら答えている。「知的直観が……常識一般の内では生じないのに対して、美的直観は普遍妥当的な直観、客体となった直観にほかならないがゆえに、あらゆる意識の内に生じうる」(ebd.)と。シェリングは『体系』刊行一年を経て提唱することになる「同一哲学」においては、「知的直観」によってのみ捉えうる哲学知としての絶対知を誇示し、この境地に達しえない「常識」を断固退けることになるのだが[44]、ここ『体系』では彼は「美的観念論」の有効性を、「常識」にまで及ぶという「美的直観」の汎用性、普遍性によって意義づけている。この時期、彼は芸術を哲学の上に置く。「なるほど哲学は最高のものに達しはするものの、この点でもまだいわば人間の断片を提供するにすぎないが、芸術は全人間にあるがまま最高のものを認識させる」(ebd.)と。

彼はここで、いわゆる『体系綱領』(一七九六年もしくは九七年)ですでに唱えられていた「ロマン派的[45]」な芸術至上主義同然の立場に立って発言していると思われる。けだし、すでに見たとおり、『体系綱領』では「真と善は美の内でのみ姉妹の如く仲睦み合う」とされていた。ここに宣言されていた理論（真）と実践（善）とを合一するものが芸術（美）にほかならないとする説は、筆者がかつて表明した解釈によれば、ヘルダリンが当時抱いていた「美的プラトーン主義」に由来する。(46) ヘルダリンは早くから自我哲学的なシェリングの主張（『形式論』一七九四年や『自我論』一七九五年）には違和感を抱いていたのだったが、ヘルダリンにしてみれば、『体系綱領』や『体系』においてようやくシェリングは自分の立場に同調したということであろう。

もっとも、管見の限り、シェリングの『体系』に対するヘルダリンのコメントは、残念ながらヘルダリンの書簡中には見当たらない。この問題に関連してわれわれが格別注目すべきことは次の点である。すなわち、ヘルダリンが、シェリングにあっては後の『体系』においてようやく表明されることになる美的直観に基づく美的観念論もしくは「美的絶対主義」の構想を、早くも『哲学書簡』前半部刊行とほぼ同時期に抱いていたということ、これである。一七九五年九月初頭、ヘルダリンはシラーに宛てて次のような抱負を打ち明けていた。

自分自身や自分の取り巻きに対する不満が私を抽象世界に引き入れました。私は哲学の無限の進歩という理念を発展させたいと思っております。私の示したいと思っておりますことは以下のようなことです。あらゆる体系に必ずや求められる要請、主客の合一は、絶対自我の内で――別の言い方をしようとすれば――美的とも言える知的直観の内では可能でしょうが、理論的には……無限接近によって

のみ可能だということです。(VI, 181)

こうした抱負が語られる半年ほど前に草された、「絶対的観念論」の成立にとって画期的な、かの哲学的断片『判断と存在』[47]では、「知的直観」は未だ「美的」なものとは見なされていなかったが、今引用したシラー宛書簡では、興味深いことに、カントによって分断された理論哲学（真）と実践哲学（善）は「美的」と規定された「知的直観」によって合一されるとされている。ここにヘルダリンの哲学思想に大きな進展が認められる。ちなみに、同様の見解がノヴァーリスの『フィヒテ研究』（一七九五－九六年）の内にも見出される。その末尾に彼は言う。「諸学問の完成した形式は詩的でなければならない」(II, 527)[48]。「いわば詩文芸（Poesie）が哲学の鍵である」(II, 533)[49]と。こうしたテーゼとの関連で注目すべきは、先のシラー宛書簡に続くある書簡中の発言である。先の書簡のほぼ半年後の一七九六年二月二四日のそれゆえ、シェリングの『哲学書簡』の前半部を眼にした後のことであろう、これを自身の編集する『哲学雑誌』に掲載した、彼らに共通の先輩ニートハンマーに対して、ヘルダリンは次のような構想を書き送っている。

哲学書簡において私は次のような原理を発見しようとしております。それは、主体と客体、われわれの自己と世界、むろん理論と啓示との闘争を、実践理性の助けを借りずに理論的に、知的直観において消滅させうる可能性を有する原理です。われわれはこのために美的心情を必要とします。私は私の哲学書簡を「人間の美的教育新書簡」と名づけるでしょう。またそこでは、私は哲学から詩文芸と宗教に到達するでありましょう。(VI, 203)

見られるとおり、自前の『哲学書簡』となるはずのこの時期の構想は、興味深いことには、シラーのかの『人間の美的教育書簡』の内容と重なるものでもあった。ヘルダリンは、このような構想の開陳に続き、後輩シェリングの新たな試み(『哲学書簡』)に関して批評しつつ先輩に報告する。「シェリングとは私の出発前に会いましたが、あなたの雑誌に寄稿できること、あなたの力によって学界に仲間入りすることを喜んでおりました。ぼくたちの話をしますと、ぼくたちはいつも共鳴し合っていたわけではありませんが、新たな思想は書簡形式において最も明瞭に表明されうるという点では意見が一致しました。彼は悪路を通って目標に達したというよりは、あなたもご存知の新たな論証をもって良い道を進んできたと言えましょう」(ebd.)と。

ヘルダリンは当書簡を発送する二か月ほど前には(一七九五年一二月二二日付書簡)同じニートハンマーに、「シェリングはあなたもお分かりになるように変節し、彼の最初の確信から逸れました」(VI, 200)と報告していたのだったが、これはおそらく先に触れたとおり、『形式論』や『自我論』でのフィヒテ知識学への接近への批判だったであろうと思われる。筆者もすでに強調したとおり、ヘルダリンはフィヒテの『知識学の基礎』第一分冊や『学者の使命』を読んだ直後(ヴァルタースハウゼン時代)にすでにフィヒテの「絶対自我」の概念に対してそれは「(僕にとって)無である」(VI, 155)という批判を加えていた。「絶対自我がすべてであり、その外には何もないがゆえに、絶対自我にとって客体は存在しない」(ebd.) からである。フィヒテ批判としても画期的な『判断と存在』――主客の端的な合一としての「存在そのもの」を前提することによって、主客の分離を可能にする「根源分割」を説く、かの哲学的断片――はイェーナで実際にフィヒテの講義を聴く機会を得ながら、綴られるのだが、彼独特の悲劇論も、こうした合一哲学の立場から展開される。それよれば、悲劇とは「知的直観の隠喩」(IV, 266) にほかならなかった。「この種の全作品の根底には単一の知的直観がなければならないが、これこそ、生ける万物とのかの合一にほかならないであろう」(IV, 267) と考えられたからである(『詩作様式の相違について』)。(50)

ヘルダリンはこの頃三度にわたって(一七九五年の七月と一二月、さらには翌年四月)シェリングに会い、直接語り合っている。この語らいでヘルダリンが何を語ったか、それは、シェリングがそれについて何も触れていないため、われわれがすでに見たニートハンマー宛書簡から想像する以外に手立てはないが、われわれも確認したとおり、『哲学書簡』以前の『形式論』や『自我論』に対しては「変節」という厳しい見方をしていた。『哲学書簡』以降に眼を移せば、その後間もなく草されたと推定される『体系綱領』の諸構想は彼らの直接の語らいの中から発想されたという想定も不可能ではないが、(51)それはともかくとして、確実に言えることは、シェリングが「美的直観」について語り始めるのがようやくその数年後(一八〇〇年の『体系』)のことだということである。なお注目して然るべきことは、周知のとおり、その折、初期ロマン派に特徴的な「詩文芸への回帰」の思想にも言及されていることであろう。『体系』末尾に曰く。

学問の幼年時代、詩文芸から生まれ、詩文芸に養われた哲学は〔他の諸学とともに〕……出発点だった詩文芸という大海へと還流する。

(III, 629)

ところが、後者に関してまたしても二人の思想の間に溝が横たわることになる。われわれの知るとおり、同時期、ヘルダリンは、かのエレギー雄篇『パンと葡萄酒』において神々の不在に多くの詩句を費やしつつ、「何をなすべきか　はたまた何を言うべきか／私には分からない。その上何のためなのか／乏しき時代に詩人とは」(II-1, 94) と、神々の不在の時代、「乏しき時代」における詩人の無力を嘆いているからである。(52)

ともあれ、シェリングの『体系』に話を戻せば、そこでは芸術家論は天才論として展開されることになる。(53) それによれば、「芸術を産み出すことができるのは天才だけ」なのだが、それは、天才によってはじめて、通常では解決しようのない「無限の矛盾」が解消されるからである (III, 623)。ここに矛盾の解消とは、「無意識的活動と意識的活動との合一」(ebd.) もしくは「無意識的活動と意識的活動との予期せぬ出会い」(III, 624) を意味しており、これが「天才の行為」(ebd.) の成果にほかならなかった。ともあれ、悲劇論を主題に据えているわれわれにとって興味深いのは、こうした「天才」としての一連の芸術家論が、シェリングによって悲劇の英雄論と結びつけられている点である。英雄もまた、天才芸術家同様、常人では遂行不可能な意識と無意識との結合を可能にする者だからである。Ｐ・ソンディとともに、(54) われわれも超越論体系最終章における次の文言の内にシェリングによる芸術家と悲劇的英雄との同一視を見届けることができる。

取り返しのつかない過ちを犯す人間〔＝悲劇に登場する英雄〕が自分の望み意図することを遂行せずに、自身その影響下にある不可解な運命によって遂行せざるをえないことをなすのと同様に、芸術家も、いかに意図的であれ、作品産出における本来的客体という観点から見れば、彼を他のあらゆる人間から引き離し、彼でさえ完全に見通せない無限の意義を有する事態を語り表現させるよう彼に強いる威力下にあるように思われる。（III, 617）

ただきわめて問題的なのは、『体系』での「ロマン派的」な芸術至上主義標榜後、一年余りですぐさまシェリングは『体系』最終章での主義主張をかなぐり捨てて、「同一哲学」というまったく新たな説を唱え始めることである。(55) そこでは、哲学は芸術を含めすべてを包括する「普遍妥当的」な学問となる、すなわち、先に『体系』で生じた疑念――「哲学であるはずの哲学が何ゆえまったく普遍妥当するものとなりえないのか」（III, 630）――はそっくり棚上げされて、哲学は文字通り「哲学であるはずの」ものに復帰する。それに伴って、「芸術哲学」も独特の哲学として扱われ、「同一哲学」という哲学体系の「最高のポテンツにおける反復」（V, 363）という地位があてがわれる。一八〇二年以降に講義されることになる『芸術哲学』において。

四　同一哲学と芸術哲学（一八〇一年の『叙述』と一八〇二年以降の講義）

長生きをした哲学者たちの思想の発展はたいてい初期、中期、後期に分かたれるが、七九歳という高齢に達するまで長生きしたシェリングも同様で、これから取り上げる「同一哲学」は、彼の生涯、彼の哲学の全発展段階における初期、しかもその最終段階に登場する。それはまず論考『わが哲学体系の叙述』（一八〇一年）に始まり、それがさらに論考『哲学体系の詳述』（一八〇二年）で詳論され、体系としては最後に長大な『全哲学と特殊自然哲学の体系』（一八〇四年のヴュルツブルク講義）に結実する。この時期のそれ以外の講義が『芸術哲学』（一八〇二―〇三年イェーナ、一八〇四―〇五年ヴュルツブルク）、それに『学問論』（一八〇三年イェーナ）である。以下まず、最初の論考『叙述』に依りつつ、「同一哲学」の要諦を確認し、その上で、『芸術哲学』講義で説かれる「芸術哲学」の根本特徴を見るとしよう。

『叙述』は、かつて『自我論』（一七九五年）で抱いた抱負――「スピノザの『エチカ』に匹敵する作品を樹立する」（I. 159）という抱負――をある程度まで実現したものであり、このため、論述スタイルもスピノザに倣って「幾何学的方法」が採られ、かつ内容においてもスピノザ説と重なる部分が相当見られる。最初に掲げられるのはむろん定義である。それによると、「私が理性と呼ぶのは絶対理性すなわち主客総無差別と考えられる限りでの理性である」（IV. 114）。このように定義された「理性」の体系として、「理性の外には何もなく、理性の内に一切がある」（IV. 115）というスピノザ的根本原理(56)から、いわゆる「同一性体系」が紡ぎ出される。

以上のような定義と根本原理から、当然のことながら「理性」の根本規定は「端的に一つであり、端的に自己自身に等しい」(IV, 116) すなわち「絶対的同一性」(IV, 117ff.) となるが、このような立場に立てば、実質的な差別や対立を説くことは不可能となろう。実際のところ、当体系においては「主客間には自体的にいかなる対立も生じない」(IV, 123) とされる。ただこれでは、体系の内に自然や歴史に認められる多様の側面を盛り込めず、それは絶対者(神もしくは唯一実体)の内実のみを説く体系となるほかなくなる。そこで、それを避けるべく持ち出されてくるのが例の「量的差別」の概念である。すなわち、これは「主客間には量的差別以外の差別は不可能である」(ebd.) と定式化、命題化される。われわれがこうした同一性体系に属する芸術哲学体系の中に盛り込まれる「悲劇論」で遭遇する問題点、疑問点も実はこの点に密接に関係している。ただ、この点は後に論じることにし、次いで、「芸術哲学」の体系もまた「同一哲学」の体系に属することの意味を確認しておこう。

まず皮肉なことに、同一哲学の立場にあっては、論じるテーマごとに哲学(たとえば「農業の哲学」や「荷車の哲学」(V, 365) 等々)が成立すると見なし、それを作り上げることは「哲学の誤用」と考えられるため、そもそも「芸術の哲学」というような個別の哲学など構築不能ということにならざるをえない。けだし、「哲学は分割できない」、「ただ一つの哲学」のみが可能という「哲学の不可分割性」(ebd.) を堅持することこそが「同一哲学」の「同一哲学」たる所以だからである。にもかかわらず、イェーナとヴュルツブルクでの講義は「芸術の哲学」と題され、それが体系的に講述された。なぜそのようなことが可能となったのであろうか。私見によれば、それは、ひとえに「ポテンツ」概念という体系構成にとってこの上なく好便な方法概念を手にしたことによるものであろうと思われる。「ポテンツ」概念は、自然哲学の体系化の際に活用され始めたものだが、続く「同一哲学」体系においても大いに活用されることになる。

ここに「ポテンツPotenz」とは、語義上、哲学的にはアリストテレースが事物の成長、発展を説くために導入したにデュナミス（「可能態」）とエネルゲイア（「現実態」）という対概念の一つ「可能態」に相当するとともに、「冪乗」を意味する数学的概念でもあったが、両方の含意を巧みに活かした興味深い自然哲学の体系をエッシェンマイヤーが構築していた（『自然形而上学』一七九六年、ドイツ語版一七九七年）。[57] シェリングはこれを自身の自然哲学（『体系草案』一七九九年および『力動過程の一般的演繹』一八〇〇年以降の自然哲学）に採用し、[58] これによって、構造や機能の類似した様々な概念の類比化、同等化（たとえば磁気と電気等）あるいは低次のものと高次のものとの類比化、同等可（たとえば無機物と有機体）が以前にも増して可能となり、容易になった。[59] 当の『芸術哲学』講義においても、たとえば、「真善美」（V. 382）あるいは「自然」、「歴史」、「芸術」（V. 367）という哲学の主要三領域でさえ、「不可分の一なる全体としての哲学の様々なポテンツ」（V. 365）ということになるばかりでなく、最後の「第三のポテンツ」が他の「第一のポテンツ」と「第二のポテンツ」とを統合、合一する「最高のポテンツ」ということにもなり、このような体系構成法の活用によって、芸術哲学は、前節最後に触れたとおり、「同一哲学」という哲学体系の「最高のポテンツにおける反復」（V. 363）という地位を得るに至る。この意味で、「芸術の哲学は芸術というポテンツ内に表現された哲学全般そのもの」(V. 480) にほかならない。[60]

すでに見たとおり、「同一哲学」とは、「主客総無差別」、「絶対的同一性」の哲学を意味したが、それは、スピノザの実体同様、「端的に一つ」(IV. 116) であるとともに「絶対的総体」(V. 125) でもあり、この意味で、シェリングにとって芸術哲学とは、「芸術を芸術として、つまり芸術を特殊なものとして構成するのではなく、宇宙・万有を芸術という形態において構成する」ものにほかならず、言い換えると「芸術という形式・ポテンツにおける全体の学問」(V. 368) にほかならなかった。

このような「全体の学問」としての芸術哲学体系においては、芸術の個々の領域、ジャンル(実在的系列では音楽と絵画と彫刻、観念的系列では抒情詩と叙事詩と劇詩)も、ちょうどライプニッツの哲学において個々の「モナド」がそれぞれ「全宇宙」を映すように、それぞれ「全体」を映し出し、かつ、カントのカテゴリー論やヘーゲル弁証法における定式同様、最後の「第三のポテンツ」が前二者の対立を総合、合一する役割を果たすことになる。ただし、後年ヘーゲルが批判するように(たとえば『論理学』一八一二年)、同一性体系においては、真の総合が成り立つために必須の実在的対立すなわち「質」は雲散霧消し、「限定性は……空虚な区別と見なされるが、この空虚な区別こそ結果としての無差別なのである」(V. 446)。[61] シェリング自身も同一性体系では「量的差別」(IV. 123) のみを容認するため、体系構成法として活用する「ポテンツ」概念も「量的差別を表示する」(IV. 134) にすぎず、芸術哲学体系においても、「ポテンツ」は実在的規定ではなく、「観念的規定」(V. 365) にすぎないとされる。

ともあれ、「同一哲学」体系としての「芸術哲学」体系においては、劇詩とりわけ悲劇は抒情詩と叙事詩を総合した、いわば「最高のポテンツ」における詩文芸にほかならなかった。けだし、抒情詩では自由と必然との矛盾の廃棄が主観の中で生じ、したがってそれは「自由という性格を自体的に持つ」(V, 690)のに対して、「叙事詩ではそもそも闘争はなく、必然性が支配している」(ebd.)とされ、詩の三ジャンルの体系化としては、劇詩とりわけ悲劇が他の両詩の一面性を総合した第三の最高の詩ということになるからである。この観点から悲劇を哲学に当てはめれば、文字通りそれは、観念論(超越論哲学)と実在論(自然哲学)とを総合した「同一哲学」そのものとなろう(V, 371)。『芸術哲学』講義における「悲劇論」は、このような立場から展開される。

第五章　悲劇の哲学（『芸術哲学』講義「悲劇について」）

一　悲劇の本質と原像

1　悲劇の本質

イェーナ大学（一八〇二—〇三年冬学期）で最初に講義し、次いでヴュルツブルク大学（一八〇四—〇五年冬学期）でも繰り返し講義することになる『芸術哲学』(1)において、シェリングは「悲劇について」というタイトルまでつけて、自身の「悲劇論」を講ずるのだが(2)、そこでも悲劇は「芸術中最高のもの」として位置づけられており、この点、『哲学書簡』での位置づけと変わらないし、他の多くの点でも変わるところなく、かつての主張、テーゼが反復されはするが、両者において決定的に異なる点は、中心思想——「自由必然同一テーゼ」——が、前者ではなお「実践的要請」に留まっていたのに対して、後者では「要請」というカント的制約はすっかり消失している点である。シェリングはこの時点ではすでに理論と実践とを統一した「無差別」の境地に達していたからである。(3)『芸術哲学』講義における「悲劇論」の劈頭には、次のような「悲劇の本質」に関する定義が掲げられ、そこにも「無差別」という語が盛り込まれている。

悲劇の本質とは、主体における自由と客体としての必然との現実的闘争である。この闘争は一方が他方に敗北して終結するのではなく、双方が同時に勝利しつつ敗北しているというように完璧な無差別状態で姿を見せて終結する。(V, 693)

「悲劇論」劈頭に掲げられた「悲劇の本質」に関する定義は、『哲学書簡』最終書簡におけるそれとは異なり、きわめてアンビヴァレンツなものとなっている。これは、同一哲学の根本原理、根本規定が持ち込まれるとともに、後に見るように、悲劇における別の要因に力点が置かれることになるためである。ともあれ、ここではこれを指摘するに留め、直ちに当定義に続いて議論される悲劇を可能にさせる方法とはどのようなものか、具体的に言い換えれば、悲劇にふさわしい災厄とはどのようなものかという問題の吟味に移ることにしよう。

シェリングは議論の手始めとして、「外から襲いかかる災厄」という悲劇にふさわしくない災厄を取り上げ、その実例として、ホメーロスの『オデュッセイア』に描かれたオデュッセウスのケースを挙げている。シェリングが言うには、「帰郷途上のオデュッセウスのような度重なる災厄と戦う英雄はわれわれを驚嘆させ共感させるが、彼はわれわれに対して悲劇的関心を抱かせない」。その理由は、彼によって災厄の克服のために発揮されているのが「強い身体能力や知性、賢さ」だからである。シェリングが悲劇を悲劇たらしめるものと見なそうとしているのは、剛力や智謀の発揮ではなく「自由の発揮」にほかならなかった。だが、そのためには、英雄によって、その身に降りかかる災厄が「内面化」[4]される必要があった。悲劇において「取り返しのつかない災厄に忍耐強く耐える」(V, 694) 英雄の姿が見られるのはこのゆえである。

注目すべきことには、シェリングはこのような立場に立って、英雄の没落、破滅が「ハマルティアー(「過失」)」によって生ずるとするアリストテレース説を退けるに至っている[5]。ここでも悲劇的英雄の典型としてオイディプースが念頭に置かれている。シェリングの見るところによれば、「彼(アリストテレース)は悲劇の最適な唯一のケースを非の打ちどころなく説明した」(V, 695)。『詩学』第一三章の分析によれば、それは、㈠善人が不幸に陥るケース、㈡悪人が幸福になるケース、㈢極悪人が不幸に陥るケースのいずれでもなく、残る唯一のケース(㈠と㈢の中間のケース)であり、このケースでは、登場人物、主人公は「過失によって没落する」(V, 694)。シェリングも認めるとおり、「このケースは彼(アリストテレース)が挙げるあらゆる実例の内でも好見本となりうる。それは悲劇的人物が犯罪に対して必然的に有罪であるような見本である(オイディプースの罪同様、罪はその度合が高ければ高いほどますます悲劇的で複合的である)。これこそ考えうる最高度の不運・不幸 (das Unglück) である」(V, 695)。ただし、ここでシェリングはアリストテレース説に背を向ける。なぜなら、「罪そのものが再び必然を引き寄せているのは、アリストテレースの言うように過失によってではなく、運命の意志や神々の復讐によってである。オイディプースの罪はこの類いのものである」（ebd.）と考えるのがシェリングだからである。先に注目したとおり、彼は英雄による「自由の発揮」に悲劇の核心を見出していた。

「われわれは目撃する。自由と必然との闘争が真実であるのは必然が意志そのものによって葬られ自由が自身の地盤で戦わせられるところでのみだということを」（V, 696）というように、シェリングはまず『オイディプース王』の悲劇の中に自説を読み込み、次いで、彼がすでに『哲学書簡』に掲げたのと同等の問い――「いかにしてギリシア人たちが悲劇というこのおぞましい諸矛盾に耐えることができたのか」（ebd.）――を再度掲げ、その上で、「ギリシア人たちが悲劇において到達した美の根拠はどこにあるのか」というさらなる問いを重ね、それに対する解答を試みている。この試みは、彼自身強調するとおり、彼がすでに『哲学書簡』の第一〇書簡で表明した見解ではあったが、ここ『芸術哲学』講義「悲劇論」では、それが「ギリシア悲劇の精神の精髄」（V, 697）として強調される。

自由と必然との真の闘争が生じうるのは、罪人が運命によって犯罪者となったというケースにおいてのみだということが証明された。運命の優位に屈服しただけだというのに罰せられた罪人が自由の勝利を示すために必要だったということは自由の承認、自由にふさわしい栄誉であった。英雄は悲運と戦わざるをえなかった。さもなければ自由のための闘争も自由のあかしも決してなかった。英雄は必然に支配されているものに屈服せざるをえなかったが、必然に屈しないために英雄は、必然を克服せぬまま、この――運命によって課された――罪を自発的に償わねばならなかった。避けようのない犯罪に対する罰でさえ自発的に背負うことこそ、自由の最大の思想、最高の勝利である。こうした自発的負い目は自身の自由そのものを喪失することによってこそ、こうした自由を証明するためであり、さらには自由意志を宣言することによって没落するためである。(ebd.)

見られるとおり、「自由の勝利」、「自由意志」が高らかに宣言されるものの、それは「自身の自由喪失」を代償とするというディレンマ抜きにはなされえない。何たるパラドクス、何たるアイロニーであろうか。だが、そうであるがゆえに、それは悲劇なのである。ここにこそ、「必然と自由との闘争」の核心もあった。われわれはすでに『哲学書簡』第一〇書簡における悲劇論を見ているだけに、「これがギリシア悲劇の精神の精髄である」(ebd.)と強調されることに納得がゆく。ところが、こうしたテーゼに続けて直ちに、それとは異質とも思えるコメントが加えられる。「これがギリシア悲劇に存する和解と調和の根拠である」(ebd.)と。「すなわち、ギリシア悲劇はわれわれを引き裂くのではなく、癒しへと、アリストテレースの言うとおり浄化へとわれわれを立ち帰らせる」(ebd.)と言うのである。実際のところ、悲劇とは、「同情と恐怖(*ἔλεος καὶ φόβος*)によって感情の浄化(*κάθαρσις*)を達成するものである」(1449b27-28)というのが、アリストテレース『詩学』(第六章)における、悲劇の本質に関する有名なテーゼであり、ここでシェリングは、「闘争」テーゼに並ぶ、もう一つのテーゼ「和解と調和」を掲げ、これをアリストテレースのカタルシス説と結びつけている。本節冒頭で指摘したとおり、彼による「悲劇の本質」に関する定義はきわめてアンビヴァレンツなものとなっているのはこのゆえであり、そのような定義が、『芸術哲学』講義「悲劇論」の劈頭にいきなり掲げられていた。それをここに再び引用する。

悲劇の本質とは主体における自由と客体としての必然との現実的闘争である。この闘争は一方が他方に敗北して終結するのではなく、双方が同時に勝利しつつ敗北しているというように完璧な無差別状態で姿を見せて終結する。（V, 693）

『哲学書簡』においても、悲劇の矛盾が「客観的世界と人間的自由との闘争」（I, 336）にあるとされていたから、ここ『芸術哲学』講義「悲劇論」における劈頭テーゼの最初の命題（第一命題）はかつての命題の反復、復唱ということになるが、続く命題（第二命題）はここに新しく登場したものである。そこでは、闘争は「双方が同時に勝利しつつ敗北しているというように完璧な無差別状態で姿を見せて終結する」という新たな特徴づけがなされている。この特徴づけは、「悲劇論」に先立つ「劇詩一般の概念」冒頭部分の次の発言を受けてなされていた。「この矛盾（必然が自由に打ち負かされる場合とその逆の場合との矛盾）にあって自ずと残るのは次の場合である。それすなわち、両者、必然と自由とがこの闘争から同時に勝者にして敗者として、したがってどの点から見ても同等になるということである」（V, 690）。

2　悲劇の原像

シェリングによる「悲劇の本質」の定義もしくは評価は、「悲劇論」劈頭のテーゼに示されているとおり、一方で「闘争Streit」（「対立」）が強調されながら（第一命題）、他方で「無差別Indifferenz」（「統一」すなわち「和解と調和」）が強調される（第二命題）というように両義的である。(6) 今見たように、議論が始められる箇所（「劇詩一般の概念」冒頭）では、同等性が強調されるのに対して、議論が閉じられる箇所（悲劇詩人論——これについては第六章で詳述する）では、必然と自由との同等性ではなく、「必然に対する自由の勝利」を描いた典型的な作品としてアイスキュロスの『縛られたプロメーテウス』が挙げられ、それが「最大の人間の性格の原像にして悲劇の真の原像」（V, 709）と見なされさえする。それのみならず、これと同等の評価がソフォクレースの『オイディプース王』に対しても下されており、それが議論の中間に位置する「悲劇論」でなされ、かつそれが「ギリシア悲劇の精神の精髄」（V, 697）として強調されていたことは上で見たとおりである。にもかかわらず、定義部分では、これを支持する第一命題に続けて、これに反すると見なさざるをえない「和解と調和」を唱える第二命題が掲げられる。なにゆえか。それは、すでに指摘したとおり、「悲劇論」が講じられた『芸術哲学』の時期が初期シェリングの同一哲学期に属しているためと考えざるをえない。

先に引用した「劇詩一般の概念」冒頭部分の特徴づけが同一哲学の立場からなされていたことは明白だが、この特徴づけに続く次の一節で、シェリングはこの立場を端的に次のように表明している。「一方で自由が必然との同等性に高まり、他方で、それによって自由がひとかどのものを失うことなしに自由に対して必然が同等のものとして現れるということがまさしく疑いなく芸術という最高の現象である。というのも、このような事情においてのみ、かの真で絶対的な無差別――絶対者の内にあり、同時存在ではなく同等存在に基づく無差別――は客体的となる。というのも、自由と必然とは有限と無限としてではなく同等の絶対性において一体となりうる」(V, 690)と。

一見したところ、ここに明示されている「自由必然同一」テーゼは、『哲学書簡』におけるそれの復唱のように見えはするが、当テーゼは同一哲学の根本規定をなす「主客総無差別」、「絶対的同一性」一色に染め上げられている。このことは、シェリングによって、ギリシア悲劇作品が同一哲学の根本規定の恰好の実例となりうると考えられていたことを如実に物語ってはいるが、われわれが悲劇作品全般を見渡した場合、ここでのシェリングの主張どおりになるかどうかは甚だ疑問である。けだし、同一哲学にうってつけの作品は『慈しみの女神たち』や『コローノスのオイディプース』などの特定の作品のみであって、シェリングが悲劇の典型と見なす『縛られたプロメーテウス』や『オイディプース王』(これらの内容すべて序章で見ておいた)などではないからである。この点に注目すれば、われわれはシェリング自ら、悲劇作品そのものの内実に迫ることによって、「和解と調和」を基調とする、言い換えれば、「自体的実質的対立」を拒否し「量的差別」のみを容認する自身の同一哲学的テーゼを打ち破っていたと見なすこともできるであろう。すでに見たとおり、彼は後者の諸作品に「自由の承認」、「必然に対する自由の勝利」あるいは「悲劇の真の原像」を見ていた。

同一哲学の枠を打ち破る「自体的実質的対立」に基づく「実在的な自由」(VII, 234)の概念をめぐる本格的な議論は、周知のとおり、中期の『自由論』(一八〇九年)においてなされる。その予兆を告げるものとして、しばしば同一哲学期の『哲学と宗教』(一八〇四年)が挙げられるが、われわれはこれのみならず、同時期の『芸術哲学』講義の「悲劇論」にもその予兆を読み取らねばなるまい。件の「悲劇論」の哲学的意義の一つもここにある。

二　美と崇高

1　悲劇における美の根拠

すでに見たとおり、シェリングは、「いかにしてギリシア人たちは悲劇というこのおぞましい諸矛盾に耐ええたか」という問いを掲げ、さらに重ねて「ギリシア人たちが悲劇において到達した美の根拠はどこにあるのか」と問いかけ、これに対して「自由の喪失による自由の証明」というパラドシカルでアイロニカルな解答を与えていた。悲劇がかくもパラドキシカルでアイロニカルなのは、「自由の勝利」、「自由意志」が宣言されるにしても、あくまでそれが運命の優位という必然に屈服することによるからである。ところで、こうした理由づけは「美の根拠」への問いに対する解答としてなされていた。だが、こうした事態にわれわれははたして「美」を見出すことができるであろうか。この疑問に答えるには、シェリングによる次のような「美」の定義を掲げるほかに手立てはなさそうである。その定義に曰く。「美とは実在内に直観された自由と必然の無差別である」(V, 383)。その例証として挙げられているのは形態の美しさや詩の美しさなのだが、いずれにおいても、美は最大最高の自由が必然という厳格な法則内で発揮されることによってのみ出現、実現するとされる。シェリングにとってそもそも「芸術とは自由と必然との絶対的総合・相互浸透なのである」(ebd.)。彼の説くところによれば、「必然と自由とがかかわり合うのは、ちょうど無意識と意識とがかかわり合うようなものである。それゆえ、芸術は意識的活動と無意識的活動の同一性に基づく」(V, 384)。シェリングはここで一八〇〇年の『体系』最終章における芸術家論＝天才論と同等の議論を行っている。『体系』での件の論によれば、「芸術を産み出すことができるのは天才だけ」なのだが、それは、彼らによってはじめて、通常では解決しようのない「無限の矛盾」が解消されるからである(III, 623)。すでに見たとおり、ここに矛盾の解消とは、「無意識的活動と意識的活動との合一」(ebd.)もしくは「無意識的活動と意識的活動との予期せぬ出会い」(III, 624)を意味しており、これが「天才の行為」(ebd.)の成果にほかならなかった。ともあれ、悲劇論を主題に据えているわれわれにとって興味深いのは、こうした一連の「天才」としての芸術家論が、シェリングによって悲劇の英雄論と結びつけられている点である。英雄もまた、天才芸術家同様、常人では遂行不可能な意識と無意識との結合を可能にする者だからである。P・ソンディとともに(7)、われわれも『超越論体系』最終章における次の文言のうちにシェリングによる芸術家と悲劇的英雄との同一視を見届けることができる。

取り返しのつかない過ちを犯す人間〔＝悲劇に登場する英雄〕が自分の望み意図することを遂行せずに、

自身その影響下にある不可解な運命によって遂行せざるをえないことをなすのと同様に、芸術家も、いかに意図的であれ、作品産出における本来的客体という観点から見れば、彼を他のあらゆる人間から引き離し、彼でさえ完全に見通せない無限の意義を有する事態を語り表現させるよう彼に強いる威力下にあるように思われる。（III, 617）

このように悲劇的英雄に比定される芸術家規定に着目するならば、われわれは、シェリングが『芸術哲学』講義の「悲劇論」でしばしば悲劇の典型として取り上げる『オイディプース王』を「無意識」と「意識」が織りなすドラマと見なすことができるであろう。シェリング自身も認めるとおり、オイディプースの問題の行為そのものはすべて「無意識に」（V, 696）に実行されていた。「無意識」が強調されているからといって、それにかこつけてフロイト説を持ち出すのも月並みすぎるが、ここにそれをあえて持ち出してみるとしよう。

ここで注目してみたいのは、論考「日常生活の精神病理」（一九〇一年）と『精神分析入門講義』（一九一六－一七年）におけるフロイトによる「言い間違え」に関する分析である。そこには大量の「言い間違え」が実例として挙げられている。これらのうちからごく一部のみを取り上げてみる。たとえばある男が女性に路上で声をかける際、「お嬢さん、よろしければ、あなたを凌辱させていただけませんか」と言ってしまった。「あなたのお伴をさせていただけませんか」と言いたかったのだが、begleiten（お伴する）をbeleidigen（凌辱する）と言い間違えはしまいかと、それを危惧するあまり、かえってそれが口に出てしまった、という例（IV, 77; XI, 26）[8]。あるいは、ある教授が就任講演で「私には尊敬する前任者の数々の業績について述べる資格などございません」というつもりで、「nicht geeignet（資格がない）の代わりに nicht geneigt（気がない）と言ってしまった」という例（IV, 78; XI, 27）。あるいは、オーストリアの下院で議長が第一声にて開会宣言すべきところ、閉会を宣言してしまったという例。この例では「議長は議会の形成が思わしくなく、できるならすぐにでも閉会したいと思っていた」ために言い間違えが生じている（ebd.）[9]。

言い間違えのためのもっと興味深い例をフロイトは他に演劇の中にも見出している。たとえばシラーの『ヴァレンシュタイン』三部作の第二部『ピッコローミニ父子』の第一幕第五場やシェイクスピア『ベニスの商人』の第三幕第二場（IV, 107-109; XI, 3-32）[10]など。だが、残念なことにソフォクレースの『オイディプース王』は例として挙げられていない。そこには実は、オイディプースの言い間違えが事態の経過に濃い影を落とす場面が見られる。ここでこの点に注目しておくことは無駄でない。いやそれどころか、この点は当悲劇における劇展開上、ある決定的な役割を果たすものにほかならない。

さて、問題の発端は、盲目の予言者テイレシアースから、「あなた自身が父親の殺害者だ」と告げられたオイディプース王がそれに激怒するところにあった。王はそれに予言者と結託した義弟クレオーンによる権力奪取の企みではないかという疑いをかけ、こうした疑心暗鬼を妻イオカステーにぶつける。それに対して、彼女は彼に次のような慰めの言葉をかける。予言など当てになりはしませぬ。「ラーイオスがわが子の手にかかって果てる」というお告げもそのとおりになっておりませぬ。「あの方を、噂によれば、ある日、他国の盗賊どもが三叉路で殺害した（*φονεύουσ᾽ ἐν τριπλαῖς ἁμαξιτοῖς*）」（715–716. 拙訳）と。――これが予言など当てにならぬ何よりの証拠だと彼女は主張する。この主張を受けて、オイディプースは気がかりな点を問い返す。「たしかにそなたの口から、こう聞いたように思うが……ラーイオスが殺されたのは三叉路あたりだ（*κατασφαγείη πρὸς τριπλαῖς ἁμαξιτοῖς*）」（729–730. 拙訳）と。この問い返しの内に、取るに足りない些細な相違が含まれている。「三叉路で」の「で *ἐν*」と「三叉路あたり」の「あたり *πρός*」という相違である。オイディプースはイオカステーの発言を復唱しているように見えながら、復唱せず、実は微妙に言い換えている。このさして目立たない相違、言い換えは、その背後にもっと大きな重要な相違を隠している。それは、イオカステー発言の能動表現とオイディプース発言の受動表現との相違である。すなわち前者は「殺した *φονεύουσαν*」と能動態で表現し、したがって当然「盗賊ども」という行為の主体に言及しているのに対して、後者は行為の主体を省略可能な受動態で表現しているばかりか、しかも前者のように直接法ではなく、わざわざ *κατασφαγείη* という希求法（願望の話法）で語っている。[11] ここでわれわれは言い間違えに関するフロイトの見解を想起してよかろう。それによれば、「言い間違えの結果は、それ自身の目的を追求している独自の心理行為として、また内容と意味とを表現するものとして理解されて然るべきである」（XI, 28）。

ならば、オイディプースの言い間違えの「目的」とは何だったのであろうか。それによって何が表現されたのであろうか。それは、オイディプース自身が口にするとおり、「心のゆらぎ」、「胸騒ぎ」（727）であろう。テイレシアースの予言によってオイディプースのうちに巣食った疑念や恐れによる「心のゆらぎ」、「胸騒ぎ」は、その後の筋の展開に劇的効果をもたらすことになる。[12] その挙句に彼が「無意識」に、いわば「罪なき罪」を犯していたことが判明する。この転換をアリストテレースが「無知から知」への転換と特徴づけていたことは興味深い（『詩学』第一一章）。オイディプースは「無意識」から「意識」へと転換することによって、言い換えると、事の真相を「認知」することによって自由な英雄的行為を遂行する。すなわち、彼は自らの意志で両眼を刺し貫き、無意識に犯した罪に対する報い、いわば「罪なき罪」に対する罰を自覚的に甘んじて受け入れる。ここに自由が必然の内面化として普遍性を獲得する可能性が開かれてくる。この点、シェリングは次のように強調している。

単なる特殊性としての自由は存立できない。これが可能なのはただ次のような場合に限る。すなわちそれは、自由が自ら普遍性へと高まり、必然と結合して罪の報いを超え、不可避のことを自由は避けえないのだから、自身にその報いそのものを課す場合のみである。

私に言わせれば、これもまた真実無二の悲劇中の悲劇である。決して不運な結末にあらず。いったいいかにしてそもそもこうした結末を不運と呼びうるであろうか。たとえば、英雄がもはや尊厳など持ち合わせようのない命を自発的に捧げる場合、あるいは、彼の罪なき罪という別種の報いを自分に引き受ける場合。この場合、ソフォクレースにおけるオイディプースがなすように、休むことなく英雄は実におぞましい織物を広げ、実に恐るべき悲運そのものを白日の下にさらした。（V, 697）

『オイディプース王』という悲劇が舞台で繰り広げられた、いわば「おぞましい織物」を美と見るべきか、醜と見るべきか。ギリシア悲劇の作法としては、どのようなものであれ——殺害現場や、あるいはオイディプースの場合、両眼を刺し貫くといった行為であれ——おぞましい場面そのものを舞台では見せないのが常道である。だとしても、両眼から血を垂らした仮面で登場するオイディプースの姿にわれわれは美を認めることができるであろうか。先に挙げたシェリングの定義（V. 383）に立ち戻ってみれば、それは美を経験的視覚的にのみ捉えているわけではなく、視覚化されたもの（「実在内に直観されたもの」）の内実（「自由と必然の無差別」という理念）を問うものにほかならなかった。この点に鑑みれば、われわれはむしろ愁嘆場におけるオイディプースの最後の姿にむしろ醜を認めることになろう。だとすれば、そこでは理念上の美が視覚上の醜に重なり、一体化していることになろう。興味深いことに、これと同じことが美と崇高との間でも言えそうである。

2　美と崇高

シェリングは、一方で「有限の無限への一体化」を「美」、「無限の有限への一体化」を「崇高」というように、両者を正反対のものとして定義しながら（V. 461）、他方で「崇高はその絶対性においては美を包含し、同時に美もその絶対性においては崇高を包含している」（V. 468）というように、同一哲学の基本思想に従って両者を「質的本質的対立」に置かずに「量的対立」の下に置いている（ebd.）。この意味で、「ユーノー〔ヘーラー〕は崇高なる美であり、ミネルヴァ〔アテーナー〕は美なる崇高である」（V.

469)。造形芸術、特に彫刻を実在的系列の最高の位置（第三ポテンツ）に据え、それに対応して観念的系列の最高位（同じポテンツ）に言語芸術、特に悲劇を位置づけるシェリングは、そこからも美と崇高の相互浸透の実例を挙げている。先の発言に引き続き、彼は次のような指摘を行っている。「ソフォクレースはアイスキュロスに比して美しく見えはするものの、自体的絶対的に見ると、美と崇高とが解き難く一体化されたものに見える」（V. 469f.）と。

アイスキュロス悲劇とソフォクレース悲劇との比較論としては、後者が前者の厳格さをも含みつつ、それを優美なものと化したより高次のものだというのがシェリングによる比較論の一つのパターンだが、これはたとえば後年のミュンヘン講演『造形芸術と自然との関係について』（一八〇七年）でも復唱される（VII. 305）。[13] ともあれ、シェリングが悲劇を美の概念のみならず、崇高の概念によっても捉えようとしていたことは指摘するまでもなかろう。実際のところ、当の「悲劇論」において彼はまず悲劇作品における「美の根拠」を問うていたが、この問いに対する解答を試みる中で、悲劇作品に「崇高」概念を適用している。以下に引用する文言は、「おぞましい織物」、「恐るべき悲運」という言葉で閉じられた、先に引用した文言に続くものである。

運不運を同じ仕方で達成し、彼にとって両者のどちらも過多でない魂の同じ状態にあるほどに完全である人を、どうすれば不運な人と呼びうるのであろうか。

不運であるのは、必然という意志がまだ決定的で明白でない限りである。英雄自身が無色透明の内にあり、彼の運命が彼の眼前に開けるや否や、彼には懸念がなくなるか、少なくとも懸念を抱く必要がなくなり、彼は受難の極みの最中でさえ解放の極みへ移行し無難の極みに至る。この瞬時に運命という克服しがたい威力、絶対的に偉大に見えはしたが、未だ相対的に偉大にすぎなかった威力が現れる。というのも、威力は意志によって克服され、絶対的な偉大すなわち崇高な心情の象徴となるからである。（V, 698）

これまで何度か注目してきた、オイディプースのような英雄が「自発的に罰を受け入れる」という行為が、ここではさらに崇高概念によって捉え返され、最大限に称揚されはするもの(14)の、ここで崇高概念を適用しつつ悲劇作品を評価するに際してシェリングがもっぱら念頭に置くことになる典型的な作品は、もはやソフォクレースの『オイディプース王』ではなく、アイスキュロスの『エウメニデス（慈しみの女神たち）』であり、しかもとりわけ、例のアレオスパゴース法廷におけるオレステースの赦しであり、アテーナイの民によるエリニュエース（「復讐の女神」）ならぬエウメニデス（「慈しみの女神」）としての崇拝である。そこで強調されるのが、すでに見た「和解」であり、これは「自由と必然との均衡」（ebd.）とも言い換えられる。シェリングが強調して言うには、

そのような掟と人間性、必然と自由との均衡をギリシア人たちは悲劇の中に求めたのであり、悲劇ぬきに彼らは道義心を満足できなかったし、またこのような均衡そのもののうちに最高の倫理観を表

現した。まさしくこのような均衡こそ悲劇の主要問題である。(V, 699)

すでに表明した「悲劇論」劈頭テーゼの抱える問題点――悲劇の本質規定の両義性(対立・闘争と和解・調和)――についてはすでにコメントを加えた。[15] それをここで繰り返すには及ぶまい。以下では、それに類似した問題点を抱えることになるであろう、シェリングによる崇高概念の扱い方に議論を移すことにしよう。

3　崇高と公共倫理

周知のとおり、シェリングは悲劇等様々なジャンルに関する議論を含む特殊部門に対して、芸術哲学そのものを論ずる一般部門を先立たせているが、そこではむろん「美」とともに「崇高」も主要論題の一つとして取り上げられる。議論を先取りして言えば、そこでの論調の特徴はシラーの崇高概念の受容にあった。

元を質せば、崇高概念はロンギーノスの作とされる『崇高について』(三世紀)にまで遡るが、近代(一七世紀)になって、これが復活する。フランス古典派の論客ボワローによるラテン語訳である。次の世紀(一八世紀)に登場するのがかのバークの作(『崇高と美に関する考察』一七五六年)やカントの作(『美と崇高の感情に関する考察』一七六四年、『判断力批判』一七九〇年)である。[16] P・ソンディの見るところ、「ゲーテ時代に最も重要な転換」すなわち「心理学から哲学への移行」がシラーによって遂行される(特に一八〇一年の論考『崇高論』において[17]。

当論考においてシラーは、崇高概念に感性界から超感性界への脱出口を見出そうとしている。曰く。「崇高は、美がわれわれを常に引き止めたがる感性界からの出口をわれわれに作り出してくれる」（XXI, 45)。「崇高について」はすでに同名の論考を、一七九三年に、すでに『カリアス書簡』や『優美と尊厳』とともに刊行していたが、一八〇一年のそれは、『人間の美的教育書簡』出版後のものでもあり、前者が『優美と尊厳』の続編としての意義を持つものであったのに対して、『書簡』を補完するものとしての意義を持つものであった[18]。そのようなものとして、後者では、「美的教育を完全な全体」として完結させるために、「人間本性における最も素晴らしい素質」である「崇高」に期待を寄せうることが再び表明される。「美は人間に貢献するだけだが、崇高は人間における穢れなき魔力に貢献する」（XXI, 52）と。彼にとって、これこそがわれわれを超感性界へ連れ出してくれる威力にほかならなかった。「荘重な絵画」や「歴史」や「悲劇芸術」は彼によってそのよすがとなるものと見なされていた（ebd.)。「想像力にとって到達できないもの、量の崇高が心根に飛躍を与えうるばかりでなく、知性が把握できないもの、混沌（Verwirrung）も偉大となり自然の業となるや、超感性的なものを表現するために用いられ、心根に飛躍を与えうる」（XXI, 47)。見られるとおり、シラーの崇高概念の核をなすのは「混沌 Verwirrung」すなわち「カオス Chaos」にほかならず、これがわれわれを超感性界へと導いてくれるのであり[19]、「穢れなき魔力」とも呼ばれるものであった。

シェリングが、かの『芸術哲学』講義の一般部門において崇高について論じた際に注目するのも、今その一端を垣間見たシラーの崇高論であり、そこでのカオス概念である。シェリングは言う。「自然は総じてカオス（Chaos）においてさえ崇高であり、シラーも述懐するとおり、自然現象一般の混沌（Verwirrung）においてさえ崇高である。カオス（Chaos）こそ崇高の根本思想である」（V, 465）と。このような思想を、シェリングはさらにシラーに倣って、絶対者（＝「超感性的なもの」）の認識ひいては歴史認識や悲劇論に適用する。

　カオスを直観することによってこそ、知性は、芸術であれ学問であれ、絶対者の全認識に移行すると私は言いたい。常識は、分別臭く、自然と歴史における諸現象からカオスを排除するような無駄な努力をした後になって、シラーの言うように「不可解なものそのものを判断基準」すなわち原理にすると決意するに至るとすれば、ここで哲学もしくは少なくとも世界の美的直観への第一歩を踏み出しているように見える。……

　自然の崇高と同じ面から心根の崇高さも表現される。とりわけ、崇高さが発揮される人物が同時に全歴史の象徴として役立つ程度に応じて。（V, 466f.）

常識にとっては桁外れの「不可解」ゆえの「崇高さ」――これを体現しているのが歴史の舞台に登場した英雄たちだとすれば、これと同様の英雄たちが古代ギリシア悲劇の舞台にも登場する。
「運命のあらゆる過酷と奸計を自分で背負いながらも安んじてそれらに耐える悲劇の英雄は、まさにそれゆえに、かの自体、かの無制約者と絶対者そのものを人格の内に体現している」(V. 467)。ギリシア悲劇の持つ主要特性の一つがその高い倫理性にあることは、本書序章で見たとおりである。当時、悲劇はポリス共同体の重要な神事、国事として上演された。それは、シェリング「悲劇論」中の言葉で用いて言えば、「公共倫理」、「公教育」(V. 701) の一環としてなされた。祭礼時に公共の野外劇場に主人公として登場する多くが、神話上、伝説上の英雄たち、王や王妃たちであるのもこのゆえである。シェリングも、アリストテレースによって悲劇の主人公が「高貴な人物」でなければないとされるのも、倫理性、公教育という要求に応じるものと見なしている (ebd.)。このような観点から、シェリングは英雄における「性格の絶対性」を強調している。「英雄はどのような事情に置かれようが、性格の絶対性をもたねばならないし、彼にとって外的な事情はただの素材にすぎず、彼の行動の仕方に疑問を差し挟む余地はまったくない。それ以外の運命がない場合さえ、彼にはその性格が発揮されざるをえないであろう。外的素材が何であれ、行為は常に性格そのものから出て来ざるをえないからである」(V. 700)。シェリングによって、外的事情に一切左右されない断固たる行動を貫徹できる、たとえばオイディプースのような英雄こそ、悲劇の主人公にふさわしいと見なされたのも、こうした彼の英雄観、倫理観にあった。この点で、彼は『オイディプース王』の作者ソフォクレースを次のように最大限に高く評価している。

特にソフォクレースが会得していたのは、最少の登場人物でおよそ最大の効果を産み出せるということばかりか、このような制限を抱えながら公共倫理の閉じられた全体性をも産み出せるということであった。
(V. 702)

ここで、古代の悲劇を近代の悲劇と比較してみれば、前者のそれは後者のそれとはまったく別の意義を持っていると言わざるをえないであろう。それすなわち、道義的な意義であり、これは「罪のない道義ではなく高貴で偉大な道義を要求する。……そうして犯罪も、真に道義的な悲劇において上演されると、きまって凶運をはらんで登場してくる」(V. 701)。近代の悲劇において罪を犯す者は「極悪人」(ebd.) なのである。そこには運命が欠落している。

ここから見て取れることは、なぜ近代人たちが次のような場合にしばしば異議を申し立てたかということである。シェイクスピアが頻繁に行ったように、彼らは道義という高貴を取り上げずに大罪を舞台にかけ、それゆえ、犯罪の必然性を抑制のきかない人物の暴力に移しているのである。(V. 701f.)

シェリングは例を挙げてはいないが、このような近代悲劇に最適の例として、たとえばシェイクスピアの『オセロ』を挙げることができるであろう[20]。周知のとおり、旗持ちのイアーゴは、ハンカチという小道具を巧みに用いて、上官のムーア人オセロを、白人の美人妻デズデモーナとともに破滅させるが、それはひとえにイアーゴという悪漢の憎悪と嫉妬ゆえである。これは実に見ごたえのある悲劇となっているが、この種の悲劇は、シェリングの強調するとおり、古代のそれとは別物なのである。

周知のとおり、アリストテレース（『詩学』第一五章）が悲劇の登場人物の性格について分析した際、最も重視視したのは㈠卓越性だったが、他に次のような性格も列挙していた。すなわち、㈡ふさわしさ（たとえば女性なら女性らしさ）、㈢観客との類似性（観客の共感を得られる現実離れしない性格）、㈣首尾一貫性。二から四の指摘はいずれも、登場人物の性格に必然性や蓋然性を求めるものであり、不自然さを回避すべきことがポイントとなっていた。いずれもドラマトゥルギー上の当然の留意点ではあったが、特に一と三とに齟齬が見られるのが、ここでのアリストテレースの性格分析の問題点である。『詩学』第六章での彼の有名な「悲劇の定義」は、「同情と恐怖を通じて感情の浄化を達成する」というものだったが、ここにすでに同様の問題点が伏在していた。すなわち、観客の同情を買うもしくは観客の共感を得るには、登場人物が観客たち同様いわば並みの人間でなければならない。だが、舞台上で並みの人間が並みの行為を行っていたのでは悲劇にならない。そこには並外れた英雄が登場しなければならない。ただ並外れた人物も畏怖の対象に留まっている限りは悲劇の主人公としてふさわしいものの、度が過ぎると忌避される対象と化してしまう危険が常につきまとう。たとえばドイツにおいて市民悲劇の上演を企てた詩人、作家たちを悩ませたのもこの問題だった。シェリングが悲劇論を論じた前提をなす一八世紀ドイツの演劇事情を視野に収めるために、以下しばし、この方面にも眼を向けておこう。

三　ドイツ市民悲劇瞥見

時あたかも「啓蒙の世紀」の真只中、レッシングは、模倣に甘んじ、自分たち自身のもの、独自のものを持とうとしないドイツ人気質を罵倒し、慨嘆している。「われわれは相も変らぬ外国の模倣者であり、相変わらず驚嘆至極のフランス人に対する卑屈な讃嘆者だ。ライン川の向こうからくるものは何もかも美しく魅力的でこの上なく好ましく神々しい」と（VI. 684）。(21) こうした慨嘆は、『ハンブルク演劇論』（一七六九年）の末尾（「余興劇」に準えられた第一〇一篇－一〇四篇合併篇）の中に記されていた。そこには、「演劇の本質を、アリストテレースがギリシアの舞台の無数の傑作から抽出したとおりに認識している」（VI. 685f.）こと、さらには、それを遂行した『詩学』がユークリッド『原論』に匹敵する書物だという「告白」さえ記される（VI. 686）。しかしながら、これは、コルネイユやラシーヌらの演劇が古代的な演劇規則に従って構成され、完成された最高傑作だというドイツの定説を容認するものではなかった。こうした定説は、彼にとっては、ただの「偏見」にすぎなかったからである。フランス人たちが規範とした規則は、アリストテレースの「付随的コメント」を彼らが「本質」と取り違えたものにすぎなかった（VI. 687）。レッシングによれば、この「偏見」を糺し、彼らを「まどろみ」から目覚めさせてくれたもの、それがイギリス演劇にほかならなかった。

レッシングの見るところ、「われわれの感情は幸いにも若干のイギリス作品のおかげでまどろみから目覚めた。ついにわれわれは悲劇がコルネイユやラシーヌが与えたのとはまったく別の効果を挙げうることを経験したのである」(ebd.)。イギリスでは、市民階層の台頭する中、すでにヨーロッパ初の「市民悲劇」が誕生していた。リロ作『ロンドンの商人』(一七三一年)である。この作品は、英雄や王侯貴族を主人公とするという古典的制約を破って、「庶民」(若い商館見習い)を主人公として舞台に上げ、彼の「悲しい身の上話」を悲劇化したものだったのだが、ロンドンで当たりを取り、それが大陸にも波及するに至る。そこでは仏訳[22]さらには独訳まで出現し、ドイツではライプツィヒでの初演(一七五四年)後、ハンブルクでも人気を博すことになった。他ではたとえば、賭博によってわが身のみならず最愛の肉親をも破滅させる貴族の悲劇、ムーアの『賭博者』(一七五三年)も、仏訳独訳され、仏独双方で注目される。当作品は、伝統に違わず、主人公を貴族(ただし下級貴族)としながらも、古典主義演劇においては喜劇のモティーフであるべき賭博をモティーフとすることでジャンルの混淆を嫌う古典的規範を破ったものとなっていた。おそらくこれらが念頭に置かれていたのであろう、『ハンブルク演劇論』末尾では、「イギリス作品には、フランス作品馴染みの規則が明白に欠けていた」ことが指摘され、ここから、「そのような規則がなくとも悲劇の目的は達成されうる」(VI, 686f.)という結論が引き出される。彼に言わせれば、「フランス人ほど古代の演劇規則を誤解した民族はいなかった」(VI, 687)。

ここに「古代の演劇規則」とは、いわゆる「三一致の法則」のことであり、周知のとおり、それは劇中の事件が一貫した単一の事件として(筋の統一)、一日のうちに(時間の統一)、同じ場所で(場所の統一)起きるべく作劇しなければならないとする、ルネサンス以降アリストテレースに帰された演劇規範のことである。興味深いことには、啓蒙期ドイツにおいては、美学とともに演劇の先鞭はヴォルフ学派の面々（バウムガルテンおよびゴットシェート）によって付けられた。一七二四年に故郷ケーニヒスベルクを離れ、ライプツィヒに移り住み、直に芝居を観る機会をもったゴットシェートは、その低俗さに呆れ、演劇の改革を志すようになる。彼はまずその理論的足場として一七三〇年に『ドイツ人のための批判的詩学の試み』を、次いでその実践のために、一七四一年から四五年にかけて『ドイツ戯曲集』を世に送り出すが、六部から成るこの集成中、最初の三部は古代的規則に忠実な作品と見なされたフランス演劇を中心とする翻訳物で占められていた。他の部に収めることになる自作の悲劇の一つ『カトー』にしても、独創性が追求されるよりは規範に合致した作品作りが重視された(23)。

先に見たレッシングによるフランス批判は、このような意味において、自国の演劇におけるこうした動向に対する批判をも含意するものであった。ともあれ、イギリスで前記『賭博者』が出現したのと同じ年（一七五三年）、ドイツでもすでに新しい動きが始まっていた。若きクルーツィウスによってアリストテレースの『詩学』が独訳され、それに注釈と論文も加えられ、そこには次のような注目すべき主張が盛り込まれていた。すなわち「悲劇が必然的に高貴な人物を、喜劇が卑賤な人物を舞台に出さねばならぬというのは誤った先入見である。筋が詩の本質をなすのであって、人物がなすのではない」という主張である。彼にとって「市民悲劇」とは、市民が道徳的英雄として登場する悲劇であって、その効果も、観客のうちに「人間性を喚起すること」にあった。やや遅れて一七五五年になると、劇作家プファイルによって、ライプツィヒの雑誌に「市民悲劇論」と題された小論が匿名で発表される。そこでの立論中注目すべき点は、市民階層の内に商人や学者以外に貴族まで含ませていることである。そこでは、貴族は下層民と王侯の中間階層と位置づけられ、「自分の心情を改善し、自分の知性を啓蒙する機会を持つ者なら、誰でもこの階層に属する」とされており、「市民悲劇」の主人公は「特定の身分に囚われない私人として行動する」。このような状況下に「ドイツ最初の市民悲劇」として登場したのが、レッシングの『ミス・サラ・サンプソン』にほかならなかった(24)。

レッシングは一七二九年、ザクセンのカーメンツにプロテスタントの牧師の長男として生を享けている。長じて彼は当時ドイツの「小パリ」として栄えた、ザクセンの中心都市ライプツィヒへ送り込まれる。そこにはルター派正統派の牙城（同地の大学の神学部）が控えていたからである(25)。ところが、彼は修学中、当牙城に籠らず、城外の裏世界（女優ノイバーリンを座長とする劇団の舞台裏）に出入りすることになる。劇団解散後（一七四八年以降）は「道を踏み外した」まま、ベルリン等諸都市を遍歴し、ハンブルクに現れた頃（一七六七年）には彼はすでに、例の「ドイツ初の市民悲劇」以外に喜劇『ミンナ・フォン・バルンヘルム』（六三年）をも舞台にかけ、評論『ラオコーン』（六七年）でも気を吐いていた。

当時のドイツの演劇界は運営形態においても転換期を迎えていた。座長制度に代わる国民劇場の建設運動である。前者では、座長率いる旅回り一座によって上演が行われていたが(26)、後者では、常設劇場における定期公演と俳優や劇作家に対する俸給や利益分金の支給による安定した演劇活動が目指された。ハンブルクの場合、見世物としてマンネリ化していたオペラ館が壊され、そこに新しく劇場が建てられたのが一七六五年。当初はなお旧来の座長に運営が委ねられていたのだが、翌年には劇場建設のスポンサーだった商人たちが劇場組合を作り新経営に乗り出す。新経営を軌道に乗せるためのスポークスマンとして招聘されたのがレッシングだったのであり(27)、上にその一端を見た『ハンブルク演劇論』は、最初は規則的に(公演に合わせて週二回)、間もなく不規則に、ほぼ一年にわたって冊子として発刊され続けた劇評、宣伝パンフレットの集成である。

このように小刻みに印刷され続けた劇評、宣伝パンフ中にレッシングは彼独自の悲劇論を盛り込んだのだった。掲載誌の性格上、当然そこでの議論は体系だったものではなく、錯綜したものとなっている。ただ、国民文学(ドイツ文学)、国民演劇(ドイツ演劇、とりわけドイツ悲劇)の創出、民衆の教化善導という啓蒙的課題意識、理想から来るのであろう、そこでは、既存の演劇(フランスであれ、ドイツであれ)や既存の『詩学』翻訳(仏訳であれ独訳)に対する厳しい批判が繰り広げられる。興味深いことには、彼の議論においては、「誤訳」の訂正という地味で些末にさえ見える試みが彼の持論を展開する上で梃子ともなり弾みともなっており、この点に関連して、『詩学』第六章における悲劇の有名な定義を、クルーツィウスの独訳(一七五三年)(28)から邦訳した形で掲げるとしよう。

悲劇とは、すなわち完結しており、一定の大きさを有する真面目な行為の模倣、部分部分それぞれ効果を発揮する飾り立てた文体によってなされる模倣である。さらに、これは詩人の語りではなく……驚愕と同情(Schrecken und Mitleid)によって演じられた(vorgestellt)諸情念の過失を除去することでわれわれを浄化する。

レッシングが誤訳を指摘するのは二箇所。一つは定義の後半部における二つのキーワード「驚愕と同情」のうちの「驚愕 Schrecken」を「恐怖 Furcht」という別の語に訂正(第七四篇)。今一つはこれらを受ける語「諸情念」を形容する「演じられた vorgestellt」という文句を「これらおよびこれらと同類の dieser und dergleichen」という文言に訂正(第七七‐七八篇)。こうした誤訳指摘の内、「驚愕」が「恐怖」に訂正された点にわれわれは注目するとしよう。二つの語の差異は、一見したところ、さほど大きなものではなさそうに見えはするが、このような差異にレッシングが拘るのは、そこからある重大な誤解が生じると見なされたからである。たとえば、『喜劇』(一七五九年)と題した自身の作品集に付した「序文」でのシェンクの説や、これに遡ること一〇年前、ニコライとともに議論を戦わせた友人メンデルスゾーンの『感情に関する書簡』(一七五五年)での説など。

㈠ まずは前者から。低シュレージエン出身の劇作家シェンクは「驚愕」の問題に関連して、アリストテレースによる「われわれと同類の」という付加語は余計だと主張する。「人間同士の類似」ということであれば、このことは「自明」のことなのだから、言わずもがなというわけである(VI, 553)。しかも、彼は、「驚愕」を喚起できるのは高徳な人物や許容可能な出来損ないだと考えられているのだとすれば、アリストテレースは間違っていると古代の哲人を批判する。シェンクによれば、どのような人であれ、他人の逆境を見て感動するのがわれわれ人間であり、われわれが抱く「この突然の悲しみの感覚が驚愕なのである」(VI, 554)。このような主張に対してレッシングは反論する。「他人に迫る苦悩を見せられてわれわれが襲われる驚愕は同情的驚愕」であって、これは「同情という語に含められる。アリストテレースは、恐怖を同情の変種と考えているとすれば、同情と恐怖とは言わないであろう」(ebd.)と。

(二) 次いで後者。メンデルスゾーンの持論によれば、「同情はある対象に対する愛着と、その対象の不幸に対する不快感とから合成された混合感情である」(VI, 554)。「恐怖も驚愕も憤怒も嫉妬も復讐心も、その他、妬みも含めあらゆる種類の不快感も、すべて同情がもとになっていないことがあろうか。——このことから、大方の批評家が悲劇的情念を驚愕と同情とに分けているのはいかに不当かが分かる」(VI, 555)。このように混合感情説を唱えるメンデルスゾーンに対してレッシングはその説に一定の功績を認めながら、そこでの驚愕と同情との混同を退ける。彼に言わせれば、このような混同は ἔλεος が「驚愕 Schrecken」と訳された誤訳からくる誤解にほかならない。アリストテレースの言う「恐怖 φόβος」——「同情 Mitleid」とは区別された「恐怖 Furcht」——とは、「他人に迫りくる災禍を見て、他人を思い抱く恐怖ではけっしてなく、われわれがこの人物に災厄が降りかかるのを見て、災厄がわれわれ自身をも襲いはせぬかという恐怖であり、われわれ自身が同情される対象になるかもしれぬという恐怖である。一言で言えば、この恐怖はわれわれ自身に関係づけられた同情なのである」(VI, 556f.)。

レッシングはここでアリストテレースはアリストテレース自身から、すなわち彼の『修辞学』や『倫理学』での説明から理解する必要性を強調する。たとえば、彼が「同情」以外の情念として「恐怖」のみを加え、他の情念を加えなかった理由づけは、『修辞学』第二巻の第五章と第八章に見出される。レッシングが強調するには、この点に関連してわれわれの気づくべきなのは、アリストテレースが次のように考えていたということである。すなわち、「われわれの同情の対象となるはずの災禍は、それがわれわれ自身やわれわれに身近な者をも襲いはせねかと危惧されるような性質を持たねばならない」と。「このような恐怖がないところには同情も生じえない」からである（VI. 558）。ここで強調されていることは、要するに、作家が登場人物を「われわれと同質の者に描き出すと、こうした同等性から……われわれの運命もたちまち彼の運命と同じものになるかもしれないという恐怖が生ずる。そしてこの恐怖こそが同情をいわば成熟させる」（VI. 559）ということである。

ここで「恐怖」に関して言われていることは、『詩学』第一三章でも言われていた。「恐怖はわれらと同類の人間が不幸になるときに生ずる」（1453a6）と。ここに、われわれは悲劇の主人公と観客との同質性への示唆を認めることができるが、この示唆に続いて、アリストテレースは悲劇の主人公にふさわしい人物として、善人と悪人という両極の「中間に位置する人間」（1453a8）を挙げている。こうした人物の具体例としてオイディプースとテュエステースが名指されており、両人とも名だたる王であるため、「中間者」という位置づけは、われわれに違和感を与えかねないが、問題点が人物の身分ではなく、徳性にかかわっている点や、さらには、彼らが「過失ゆえに不幸になる者」（1453a10）と特徴づけられる点などから、それなりに納得可能であろう。いやそれどころか、ドラマとしては、不幸になる主人公の身分の高さがかえって観客の「同情」を誘うという効果を発揮することにもなろう。ドラマトゥルギーという点はひとまず措くとして、殊に徳性という点で言えば、身分の如何《いかん》は関係がなくなり、悲劇における主人公と観客との同質性として、「人間一般」を想定することさえ可能となろう。今、古代の悲劇を離れ、近代の悲劇、特にレッシングの時代、啓蒙の時代に眼を移して言えば、これまでも再三言及した「ドイツ最初の市民悲劇」『ミス・サラ・サンプソン』にも見られるとおり、一八世紀に興隆した市民階級を母体とする「市民悲劇」において、「人間的なもの」に定位した主人公と観客との同質性は「最大」となろう[29]。

このようなレッシングによる憐れみ・同情に対する高い評価、さらにはコッツェブー、イフラントたちの市民悲劇に対する高い評価に反対して、一七九八年から九九年にかけて、シラーは自身の歴史研究(三十年戦争史)を踏まえた大作『ヴァレンシュタイン』を舞台に掛ける。これは「古い道を見捨て、観客を市民生活という狭い圏域からもっと高い舞台へ引き上げ」ようとするものであった(VIII, 4)。この四年後に成立した劇作『メッシーナの花嫁』への「序言」で、シラーは、悲劇は私的ではなく、公的でなければならないと宣言している(X, 10f.)。

王たちの宮殿は今や閉ざされ、数々の法廷が諸都市の支配権を家居の内部に取り戻した。書物は生ける言葉を排除した。民族そのもの、過敏な生ける民衆は素朴な暴力として作用しないところでは、国家へと、したがって目減りした概念となった。神々は人々の心胸へと還帰した。詩人は再び宮殿を開かねばならず、法廷を自由な天空の下に引き出されねばならず、神々を再び打ち立てねばならない。

(X, 11f.)

このような「序言」の一節を見ただけでも、シラーの目指す「公的悲劇」としての『メッシーナの花嫁』が観客を古代悲劇の世界へ連れ戻そうとするものであったことが見て取れる。実際のところ、当作の上演（一八〇三年初演）において、シラーは古代悲劇特有の「コロス」を舞台に上げるという大胆な試みを敢行していた。ある伝記での評価によれば、当作は、ゲーテの『庶出の娘』ともども、演劇史上「センセーショナルを起こすようなものではなかった」ものの、「興味深い実験的作品」であるばかりか、「今日の演劇人にとっては挑戦的な試み」ともなっている。「合唱隊（コロス）が様式手段として現代的に組み込まれ、（古典古代を模範とした）一般的判断と（いわばブレヒト的方法での）個人的判断を交互に示すことによって、観客に距離を取り省察する可能性を与えている」[30]からである。

ここでシェリングの「悲劇論」に立ち戻ってみれば、そこではシラーのこうした試みにコメントが加えられており、それは「失敗」と酷評されている。シェリングは「悲劇論」を、自身の「コロス」論によって閉じている。こうした酷評はそこに見られる。シェリング悲劇論に関するわれわれの考察を終えるにあたり、その「コロス」論を見ながら、シェリングの「コロス」観とシラーによる「コロス」使用に対する酷評の意味と問題点を探っておくとしよう。

四　コロスと観客

まずはアリストテレース『詩学』第六章の構成要素論を一瞥する。彼はそこで悲劇の構成要素を六つに分類していた。すなわち、㈠筋（ミュートス）、㈡性格（エートス）、㈢語法（レクシス）、㈣思想（ディアノイアー）、㈤視覚的装飾（オプシス）、㈥音曲（メロポイイアー）。彼はこれらの内、特に「筋」について繰り返し分析、吟味を加えることになるが（第七章から第一三章まで）、それは彼が「悲劇の魂は筋だ」として、これを最重視したためである。だが、この点、古代祭礼時に特別演目として上演されるのとは異なって、同じ演目が繰り返し上演される今日の上演形態ゆえの今日の観劇習慣からすると、筋に殊更拘るのは一面的ではある。通常の演劇や歌舞伎、あるいはオペラであれ、筋は観客にとって自明、既知のものであり、観劇の楽しみ方も多様である。お気に入りの場面の出来栄え、お気に入りの役者の所作、あるいはお気に入りの歌手のアリアなどなど。同じ演目上演であるにもかかわらず、観客が足繁く劇場に足を運ぶのはこうした楽しみゆえである。もっとも、筋の構成がずさんで低レベルなのは眼の肥えた観客の鑑賞に堪える演劇ではありえないことは言うまでもない。シェリングも、アリストテレース同様、「筋の安定性はあらゆる合理的演劇の当然の性質である」（V. 704）と、それが演劇の基本であることを指摘している。しかしながら、だからといって、フランス古典劇のように、ギリシア古典に規範を求めるあまり、かの「三一致の規則」を遵守しようとするのも行き過ぎであろう。レッシング同様、フランス古典劇特有のこうした行き過ぎを辛口に批評しつつ、シェリングは強調する。「本質的な事柄」は「筋の純粋なリズムの表現」なのであり、これによってのみ「演劇における真に造形的な完成が達成される」（V. 705）と。ギリシア悲劇固有の上演様式の一つ、「コロス（舞唱隊）」に彼が注目し、自身の「悲劇論」の最後の議論をそれに集中するのも、この観点からである。

この点で、申し分なく崇高な技巧によって賦与された最高に格調高い創案となったものがギリシア悲劇のコロスである。わたしはこれを高度な創案と呼ぶ。コロスは鈍感さに媚びず、たぶらかそうという下劣な願望をきっぱり捨て、観客を直ちに真の芸術と象徴的表現という高次の領域へと高めるからである。(ebd.)

「申し分なく崇高な技巧によって賦与された最高に格調高い創案」、「高度な創案」といった特徴づけや、あるいは「観客を直ちに真の芸術と象徴的表現という高次の領域へ高める」という特徴づけがなされていることからも見て取ることができるように、シェリングがギリシア悲劇固有の稀有な上演様式「コロス」に最大限の評価を与えていたことが分かる。「コロス」が演劇上演上、色々な効果を産み出していることは言うまでもないが、彼はこれらの内、主要なものとして、「コロスが付随的なものの偶然性を廃棄する」という点を挙げている。演劇上演において脇筋や脇役が不要であるとは限らないものの、これらの多用や漫然たる使用は「いわばあらゆる点で花盛りのように実り多く多産であるはずの筋を空洞化させるであろう」(ebd.) からである。「筋の空洞化」を避けながら「脇を固める」という絶妙の「付随物」の活用をやってのけたのが、ギリシア人たちの創案になる「コロス」にほかならない。「彼らは付随物をコロスに変えたのであり、彼らの悲劇におけるコロスに真の必然性すなわち詩的必然性を与えたのである」(ebd.)。シェリングの見るところによれば、「コロス」はそれのみならず、「観客の中に去来したものまで獲得した」(V. 706)。これが、観客の「心の動き、参加、反省」である。以下の条はシェリングの「コロス」評価の要をなすものゆえ、少々長いが全文引用しておこう。

反省は観客に先回りし、そうすることで観客を意のままにさせず芸ですっかり魅了する。コロスは大部分、客体化され代表された反省であり、これが筋の進行に伴う。恐るべきこと、苦悩に満ちたことに思いを自由に走らせることが文句なく恐怖と苦悩の激しさを超えているように、コロスはいわば悲劇の絶え間ない鎮静手段、和解手段だったのであり、これによって観客は穏やかな見方へと導かれ、苦痛からいわばそれが客体に移され、客体の中で穏健なものと見なされたことによって軽減された。悲劇が完結すると、そこに悲劇は自分以外何も残さないし、悲劇は運動と参加そのものが円環を描くように反省を目覚めさせる。こうした悲劇の完結と反省の覚醒とがコロスの主たる意図だったことがこれまでの把握から判明する。（ebd.）

「コロス」が観客を代表する者であるという点はしばしば指摘される通説だし、「コロス」が人々の反省を覚醒させるものでもあり、かつ観客の思いや感情を誘導するものでもあるという点も納得でき、異論はないが、「コロス」が「いわば悲劇の絶え間ない鎮静手段、和解手段だった」というシェリングの主張は吟味を要する。たとえば、『オイディプース王』の最終場面での「コロス」の合唱は、王の惨憺たる最期の姿を嘆き悲しむものであるばかりか、死すべき人の身の幸不幸は最期の最期まで分からぬものと、王のみならず万人の生のはかなさを嘆き悲しむものとなっており、「コロス」の最終合唱は、この意味で、観客の嘆き悲しみを鎮静させるどころか、逆に増幅させる効果を生むものとなっている。にもかかわらず、こうした「悲劇の完結」まで「悲劇の絶え間ない和解手段」だと断定されてしまうと、この主張には首を傾げざるをえなくなる。またぞろ、同一哲学、同一性体系の枠という鋳型にはめる思いに駆られざるをえなくなる。ここでのこの種の一連の議論で持ち出される代表作品は、またしてもオレステース三部作中最終作の『エウメニデス（慈しみの女神たち）』なのである。シェリングが言うには、「アイスキュロスはここで観客たちを法と正義に立っているものと見なした」（V. 707）のだった。このようなものとして、「コロス」は、「中立」で「無党派的」なのだから、「和合を勧め、なだめようとする」（ebd.）。悲劇を完結させるものが「和解」であり、これを「コロス」が遂行するという、こうしたシェリングの主張に疑念を差し挟まざるをえないのは、そうした主張が悲劇全般に適用可能な一般的命題としてなされており、アイスキュロスの件の一作品、あるいはこれに類似の諸作品の分析、特徴づけとしてなされているのではないためである。われわれが眼にしうるギリシア悲劇の残存作品を見渡せば、『オイディプース王』のほかにもこれに該当しない作品が多々（『メーディア』、『アイアース』などなど）存在することは自明である。

なお、シェリングの主張のうち、気掛かりなのは、「コロスの中立と無党派性」という観点から、ドイツにおける同時代の演劇にコロスを導入したシラーの作『メッシーナの花嫁』を「失敗作」と断定している点である。作品の出来不出来、とりわけ近代劇への「コロス」の導入という試みの成否如何《いかん》というドラマトゥルギー上の演劇批評ならいざしらず、彼による断定は、自身の立てた基準に合致しないという、いわばイデオロギー（同一哲学イデオロギー）によるものでしかないように思われる。前節末尾に見たとおり、シラーは、当時のドイツ市民悲劇が市民の日常茶飯事を描いた通俗劇に堕してしまったことに対するアンチテーゼとして近代の舞台に、王侯と神々とともに「コロス」をも登場させたのだった。シラーのみならず、レッシングあるいはヘルダリン等、近代の詩人たちが皆、古代悲劇の演劇としての水準の高さを強烈に意識しつつ自身の劇作に腐心したことは、彼らが残した作品や手記や劇評あるいは書簡から十分見て取ることができよう。しかるに、自ら劇作を手掛けることのなかったシェリングは、「コロス」を有するがゆえの古代演劇の近代演劇に対する優位を以下のように泰然と語ることのみに終始している。

コロスは詩人を大量の偶然という重荷から解放する。近代の詩人たちはいわば筋を動かすために必要な手段という重荷に屈し、筋作りに行き詰まる。少なくとも彼らといえども主人公に代わる代役を必要とする。古代演劇ではこれもコロスによって引き受けられた。コロスは回避可能なものばかりでなく、必要なもの、不可避のものにも眼を配るのだから、コロスは当意即妙に助言し訓戒し、弾みをつけるという活躍を見せる。劇場を空にさせないという現代の詩人たちの重圧も結局はコロスによって除去された。（V, 707）

第六章　悲劇詩人論
――『芸術哲学』講義（一八〇二―〇五年）とミュンヘン講演（一八〇七年）――

一　シュレーゲルの悲劇詩人論

シェリングがイェーナ大学にて芸術哲学に関する講義を開始するにあたって、A・W・シュレーゲルによるベルリンでの美学講義の内容を知る機会を持ったことは周知の事柄である。シュレーゲル（兄）は、一七九八年よりベルリンにて一連の美学講義を行っており、シェリングは彼からそのうち、一八〇一―〇二年に行われた『芸術論』講義の草稿を送ってもらっている。彼は一八〇二年九月八日にシュレーゲルに礼状を送り、そこに、「ベルリンの草稿を有難く活用した」旨を記している。(1) ここで、両者の講義の立場の相違を確認しておくと、シュレーゲルの基本的立場が、「理論と歴史と批評」とを「分離し、個別に扱うのではなく、可能な限りすべてを統合し、融合させようとする」(I. 181)、(2) すなわちそれらの相互依存性に着目し、それを生かそうとするものであるのに対して、シェリングの講義では、すでに指摘したとおり、当時彼が打ち立てた主客同一を根本原理とする同一哲学の立場から芸術の諸ジャンル、諸カテゴリーの体系化が試みられた。この意味で、シェリングの講義は、シュレーゲルの用語を用いて言えば、理論が優位に立ち、理論的な体系に歴史的知見や作品批評が組み込まれるものとなった。両講義を比較してみると、シェリングの講義には、歴史的知見や作品批評にシュレーゲル説がそれと断りなく、諸所方々で「活用」されていることが分かる。以下に見るべきは悲劇詩人論であるため、これについて、シェリングが「活用」していない発言も含め、まず少々『芸術論』講義でのシュレーゲルの悲劇詩人論の一端を見ておこう。なお、当論は、ベーラーによる編著では三十数頁に及ぶギリシア悲劇論に散りばめられているものであり、以下はそこからの抜書きである。(3)

悲劇論冒頭には、三大悲劇詩人それぞれの作風、文体が次のように簡潔に区別されている。「アイスキュロスのそれは偉大にして厳格であり、ソフォクレースのそれは調和的で完成されており、エウリーピデースのそれは豪華ながら融解してしまっている」(I. 734)。三者の比較に関連して興味を惹かれる点を幾つか挙げておくと、その一つは、前二者が彫刻家たちに比定されている点である。それによると、アイスキュロスはフェイディアースに、ソフォクレースはポリュクレイトスに相当する(I. 741)。二人の彫刻家はともにクラッシク盛期を代表する彫刻家たちであり、前者はパルテノーン神殿建設の際、監督を務め、二体の黄金象牙神像(アテーナ・パルテノス像とオリュンピアのゼウス像)の制作者として知られており、後者は「シュンメトリアー(均斉)」の原則の権威であり、その原則を著書『カノーン(規範)』

に盛り込んだ人として著名であった。[4] シュレーゲルは前者については「巨大で、黄金象牙の豪華さ」とコメントし、後者については「均斉の完全性によって永遠の規範となった」とコメントしている（ebd.）

作風、文体に関する比較をもう一箇所見ておくと、そこでは、アイスキュロスとソフォクレースとが一組のものとしてともに高く評価され、両者との対比においてエウリーピデースが酷評されていることがはっきりと確認できる。「彼の書法は、一括して言えば、薄っぺらで冗長である。……彼はアイスキュロスの文体に特徴的な威厳も迫力も持ち合わせていないばかりか、ソフォクレースの文体に特徴的な穢れなき優雅さをも持ち合わせていない」（I. 751）というように。シュレーゲル（兄）はシュレーゲル（弟）すなわちフリードリヒの『ギリシア文学研究』（一七九五年）での指摘――「エウリーピデースと他の二人の悲劇作家たちとの間の計り知れないほどの裂け目」という指摘――に注目しているが（I. 753）、以下に見るように、シェリングも『芸術哲学』講義での三大悲劇詩人の比較論の軸足をこの点に置いており、それはシュレーゲル兄弟の見解に従ったものと思われる。エウリーピデース酷評としては他に、しばしば指摘される諸点――「女性嫌い」（I. 750）、「前口上の通り一遍さ」（I. 751）、コロスが「本質に外的な飾り、筋と関係のないエピソード」と化してしまっている（I. 752）等々――にも触れられているが、ここではシュレーゲル説紹介としては最後に、われわれも第一章で試みたエーレクトラー像の相違の問題と関連づけ、それに関するコメントを少々見ておこう。

エーレクトラーとは、兄オレステースとともに父親（アガメムノーン王）殺害の仇討、復讐のため、母親（王妃クリュタイムメーストラー）を殺害する王家の娘、姫君である。シュレーゲルによれば、ソフォクレースは彼女を次のように描き出す。「エーレクトラーの英雄的な勇気がひ弱な妹と対照されて強調され、総じて、ソフォクレースは主たる関心をエーレクラーに向けることによって、主題に全く新しい変化を与えた。……ソフォクレースの悲劇を格別特徴づけているのは、どんなにおぞましい主題にあっても示される神々しい晴朗さである」(I. 761f.)。クリュタイムメーストラーの夢話においても、「アイスキュロスの場合には、それはかなり巧みに描かれてはいるものの、感覚的には戦慄が走るが、ソフォクレースの場合には、恐ろしいほど荘厳に美しく描かれている」(I. 762)。両者とは決定的に異なって、エウリーピデースの場合には、彼の描く「エーレクトラーは彼の最悪の作品かもしれない」(I. 763)と酷評される。彼にあっては、「悲劇芸術は破滅してしまっており、彼はおそらくもっとましな終わり方ができなかった」(ebd.)からである。このように、シュレーゲルの悲劇詩人比較論においては、エウリーピデースと他の二人の悲劇詩人たちとは截然と区別されている。

二 シェリングの悲劇詩人論

シェリングは『芸術哲学』講義において「悲劇について」と題した悲劇論に続けて、「アイスキュロス、ソフォクレース、エウリーピデース」と題した三悲劇詩人の比較を試みている。シェリングの比較論の基本的スタンスは、すでに触れたとおり、シュレーゲル兄弟の場合と同じく、エウリーピデースをアイスキュロスとソフォクレースから截然と区別することである。

シェリングはアイスキュロスとソフォクレースの悲劇の本質を、「徹頭徹尾、彼らの時代と国家がそうであった、かの高次の公共倫理（Sittlichkeit）に基づいていること」に見出している。「悲劇的なものは彼らの諸作品においては、けっして単なる外的悲運に基づいていない。事態の必然性はむしろ意志そのものによって直接の闘争の内に現れ、悲運と闘うにしても意志に固有の地盤においてなされる」（V. 708）。このように述べた上で、アイスキュロスの『プロメーテウス』が取り上げられる。それは「単に外的苦痛に苦しめられるのではなく、それよりはるかに深く不正と抑圧という感情に苦しめられる。彼の苦難は運命ではなく、彼にこうした苦難を与える神々という新たな支配者の専制支配なのだから、屈服として現れるのではなく、反逆、反抗として現れる。ここで自由が必然に勝利するのはまさしく次のことによってである。すなわち、彼の人格的苦悩という感情を抱く彼を動かしているのは、ゼウスの耐え難い支配に対する普遍的な反抗にほかならない」（V. 708f.）。われわれがシェリング悲劇論の根本テーゼと見なしたテーゼが提示されるのはこのような『プロメーテウス』解釈を提示して後のことである。根本テーゼとはすなわち、

プロメーテウスは最も偉大な人間性格の原像であり、そのことによってまた、悲劇の真の原像である。（V. 709）

シェリングは根本テーゼの提示に際して、さらに「アイスキュロス『慈しみの女神たち』における倫

理的純粋性と崇高性」にも言及しつつ、「彼の全作品中に、犯罪や罪過は必然のなす媒介的業もしくは直接的業だという悲劇のかの原理が証示されているであろう」(ebd.)とさえ主張する。以上のことは、悲劇が悲劇として成立する原型を、シェリングがアイスキュロス悲劇に見出していたことを意味するが、『オイディプース王』のコロス(第二スタシモン)の冒頭合唱(864-871: 3, 57)に注目しつつ、ソフォクレース作品の内にも同じもの、すなわち、その「高次の倫理性、絶対的純粋性」(ebd.)を認めている。以上のような悲劇の本質的内容だけでなく、その技法においてさえ、シェリングは両巨頭に共通性を認める。両者による「筋はけっして外的ではなく、同時に内的かつ外的に終わらせられ、魂に対する作用も、魂を刺激するものではなく、激情によって純化するものであり、魂を外面へ引き裂き、分割するよりはむしろ魂を自己完結させ、全体化させるものである」(ebd.)。

以上のすべてと根本的に異なっているのがエウリーピデース悲劇であり、そこでは「高次の倫理的雰囲気は無くなり、それに代わって、別の動機が登場する。彼にとって重要なのはもはやソフォクレースが産み出すような崇高な感動ではなく、即物的な感動、いやそれ以上に、苦悩によって社会化された感動なのである」(ebd.)。そもそもこうした目的は「高貴で真正な芸術の限界の外にある」(ebd.)ものなのだが、こうした目的を達成させるために、エウリーピデースは素材とすべき「神話を忌まわしい仕方で改変せざるをえなかったし、このような理由から〔言い訳がましい〕前口上をも舞台に導入せざるをえなかった」(V, 710)。のみならず、彼は「筋を外的にのみ終わらせる」(ebd.)ことさえ平然と行う始末である。これまでにも繰り返されてきたエウリーピデース悲劇に対する一連の非難を羅列した上で、「近代の詩人ならば、しかも最悪の詩人中の詩人ならば利用しうるようなきわめて卑俗な諸動機にまで彼が落ち込むのも稀ではない」、その例として、彼の『エーレクトラー』を挙げる。われわれも序章の終わりがけに見たとおり、彼は王家の娘を田舎の農夫「フィラーデスと結婚させる」(ebd.)。

　以上のような比較を受け、シェリングはそれを次のようにまとめ上げる。「総じて主張できることは、エウリーピデースが偉大なのは、激情を表現していることだけであって、アイスキュロスに独特の堅固で安定した美においてでもなければ、ソフォクレースに独特の善意と一組のものとなった美、神性へと浄化された美においてでもない」(ebd.)と。ここでさらにシェリングはシュレーゲル(兄)と同じように、悲劇作品を彫塑作品と比較する。そのために彼は、ヴィンケルマンが『古代美術史』(一七六四年)で提示した様式論(5)に倣いつつ、両ジャンルの平行関係に注目する。シェリングは、アイスキュロスの作品を「高貴で厳格な様式の彫塑作品」に、ソフォクレースの作品を「美しき様式の彫塑作品」に比定し、エウリーピデースの作品をその後の枯死した作品に比定する。

> 彫塑芸術においては、高貴で厳格な様式の後に生じる調和的な美が一つの開花であった。これはいわば一点に到達しえたものではあったが、その後は再び枯死せざるをえなかったし、単なる感性美という対極で終わらざるをえなかった。ちょうどこれと同じことが劇芸術においても生じたのである。そこにおいてはソフォクレースが真の頂点であり、ただちにエウリーピデースが続いたが、彼は未生永遠の美の司祭であるよりは、むしろ一時的で、つかの間の美の奉仕者にすぎない。(V, 711)

三　二つのエウリーピデース批評（ニーチェとアリストテレース）

「悲劇について」と題された箇所に続く、三詩人の名「アイスキュロス、ソフォクレース、エウリーピデース」が表題として掲げられた箇所は、今引用した文言によって閉じられる。結びの文言でも明言されるとおり、シェリングの詩人論におけるエウリーピデース批評は、シュレーゲル兄弟のそれ同様、きわめて低いものである。われわれはこうした類いの低い評価、酷評に慣れっこになってしまっているため、それに違和感を抱くこともない。それらの後にもエウリーピデースに対する酷評は後を絶たなかったからである。これらについては、一例を挙げるだけで足りるであろう。今日なお人目を惹いてやまないニーチェのそれである。その独特の悲劇論（『悲劇の誕生』一八七二年、一八八六年）[6]において、彼はエウリーピデースをギリシア悲劇に「非業の死」を遂げさせた張本人として断罪する。――「悲劇は死んだ！　悲劇とともに、詩そのものも滅び去った」（I. 75）[7]と。ニーチェの診断によれば、ホメーロスのオリュンポス的神話はディオニューソス的悲劇によって生まれ変わりながら、別の紛いものの神話によって息絶える。「ディオニューソス的芸術家の強拳が神話を新しい神に奉仕させる」（I. 73）。「死に絶えんとするこの神話を今や掌握したのはディオニューソス的音楽という守護神であった。その手中にあって神話は今一度開花した……。だが、最後のこの一瞬の輝きの後、神話はしぼみ、その葉も枯れる」（I. 74）。この「死にゆく者」をその腕力によって撲滅したのがエウリーピデースだった。「不埒なエウリーピデースよ。……死にゆく者はお前の腕力によって死んだ。お前は今や真似事の仮面を被った神話を用いたのだ。その神話ときては、ヘーラクレースの猿よろしく、これ見よがしに古めかしく豪奢にめかしたてることしか知らなかった」(I. 74f.)。

見られるとおり、「神話を捻じ曲げ、自分流の神話を捏造した」という非難はシュレーゲル兄弟やシェリングを含む、古くからある非難の復唱である。もう一つの復唱は、日常性つまりは観客を舞台に上げたことである。ニーチェは言う。「観客がエウリーピデースによって舞台に上げられた。……彼によって観客席から舞台に押し上げられたのは、日常生活を営む人間だった」(I. 76)と。彼はここで、われわれも本書序章末尾で注目したアリストファネースによるアイスキュロスとエウリーピデースとの競演、直接対決における次のエウリーピデース発言に注目し、それを揶揄する。「エウリーピデースがアリストファネース『蛙』の中で自分の手柄に数えていること、つまり悲劇芸術を彼の家伝薬でそのけばけばしい贅肉を落としてやったということは、何よりも彼の悲劇の主人公たちを見れば分かる」(I. 77)と。観客が舞台で見聞するのは彼らの分身であり、彼らはそのお蔭でソフィスト流に生きる術を学んだのであり、これが、新喜劇に道を開き、「自然主義的で非芸術的な傾向」、「美であるためには、すべて理知的でなければならぬ」を最高法則とする「美的ソークラテース主義」(I. 85) に道を開いたのである。「美的ソークラテース主義」を尻目に、ニーチェの生きるドイツにおいて、「悲劇が奇跡的に突然覚醒してくる」(I. 132)。ヴァーグナーの楽劇である。周知のとおり、それによる悲劇の再生、これが『悲劇の誕生』におけるニーチェ悲劇論の主題の一つであった。だが、ここはもはやこの問題について議論する場所ではない。(8) ここで、熱に浮かされたニーチェを離れ、次いで熱さましの意味でも、アリストテレースによるエウリーピデース評価に眼を移そう。

ニーチェのそれを含むエウリーピデース非難に馴染んでいるわれわれの眼にはアリストテレース『詩学』におけるエウリーピデース悲劇に対する高い評価は意外な印象を与えはするが、アリストテレースの主張に耳を傾けてみると、それはしごく冷静で公平なものに受け取れる。彼には、三詩人それぞれに対する偏った思い入れなど一切ないことが、われわれにとってはかえって新鮮に映る。たとえば、周知のとおり、『詩学』第一三章で、彼は悲劇の筋立てとして最もふさわしいケースとして、「ある過失によって不幸になる人物」で、かつ「大きな名声と幸運のうちにある人物」を主人公とするケースを挙げている（1453a9-10）。これは、今日においてもしばしば取り上げられる『詩学』の主要テーゼの一つだが、このテーゼの提示とともになされている次の指摘に注目されることはあまりない。彼はそこで何と、技法上、最も優れた悲劇を作劇した代表者としてエウリーピデースの名のみを挙げている。「エウリーピデースは詩人たちのうちで最も悲劇らしい悲劇を作った詩人だと思われる」（1453a30）と。あるいは、「あらゆる認知（アナグノーリシス）のうちで最も優れた認知は出来事そのものから起こる認知」（1455a16-17）だとする、かの認知テーゼの提示においても、その実例としてソフォクレースの『オイディプース王』とともにエウリーピデースの『タウリケーのイーフィゲネイアー』が挙げられている（第一六章）。

アリストテレース悲劇論の主要テーゼの中には他にも、たとえば「物語はあらかじめ一般的に粗筋が素描されていなければならない」（1455a34-1455b1）というテーゼがあるが、ここに「一般的」とは、一つには、登場人物の語りや行動が蓋然的か必然的でなければならないということであり（第九章）、今一つには、行為から何らかの動機や原因といった特殊個別的要素を除いた、この意味で一般的な出来事によって粗筋が構成されていなければならないということである（第一七章）。[9] その上、こうしたテーゼの代表的例証として挙げられているのもまた前掲のエウリーピデース作品にほかならなかった。アリストテレース『詩学』における冷静なエウリーピデース批評は、加熱するエウリーピデース非難の熱を冷ます効果があろうが、ここでは、この話を収めるために、エウリーピデースに対する次のような相反する評価を再度引用しておこう。「合理主義者あるいは非合理主義者、ソフィスト的啓蒙家あるいはソフィスト批判者、ソークラテースの徒あるいは反ソークラテース主義者、現実主義者あるいは神秘家、空想家、ペシミストあるいはロマンティスト、女性嫌いあるいは女性の代弁者、愛国主義者あるいは非政治的、現実逃避の個人主義者等々[10]」。

エウリーピデース問題はこのあたりまでとし、次いで、先にその一部を見た彫塑作品と悲劇作品との比較に焦点を合わせるとしよう。講義中になされた悲劇作品と彫塑作品との比定は、その後のミュンヘンでの講演においても繰り返される。今度はこちらに注目する。

四　造形芸術と悲劇

シェリングはミュンヘンに移住して間もない、一八〇七年一〇月、時の国王マックス・ヨーゼフの聖名祝日および王家の至宝公開を記念した講演をバイエルンの王立アカデミーにて行っている。その折テーマとして掲げられたのが、「造形芸術と自然との関係」にほかならなかった。当ミュンヘン講演の内容およびその意義については他に一書(『造形芸術と自然――シェリングのミュンヘン講演――』法政大学出版局より近刊)を著した。それらに関する全般的な考察は近著に譲るとして、ここでは、本書に関連する一部のみを取り上げることにする。

シェリングは、ミュンヘン講演において、ギリシア芸術の発展を論じるに際し、「厳格」と「優美」もしくは「特性」と「非特性」という用語を用いて、それを行っている。「ギリシア悲劇が公共倫理(Sittlichkeit)における偉大な性格から始まるように、ギリシア彫刻の始まりは自然の厳格さであった。……この時期はヴィンケルマンが峻厳で厳格な様式として活写している様式によって特徴づけられる。この時期から次の高貴な様式は特性から崇高へ、単純へと高まることによってのみ発展しえた」(VII, 306)。シェリングは特性を「絶えずおのれの一定の均衡、節度を目指す多様な諸力の統一」(VII, 309)と見なしたが、さらにそれが「生き生きした統一」へと高まるには「諸力が何等かの原因によって反抗へと駆り立てられ、均衡を破って歩み出る以外に不可能」であり、シェリングはそこに「激情」を見る。ヴィンケルマン同様、美が損なわれないために必要とされるものを「激情」の「緩和」と見なす点では、彼はヴィンケルマン説に始まる通説に追随しはするが、(11)「激情」の積極的な役割を強調する点ではヒルト説に与する。(12)このように自説の展開に際し、先行説との類似、類縁をわれわれに感じさせながらも、彼は独自の道を進む。彼にこれを可能にさせたもの、それこそ、彼自前の悲劇論にほかならなかった。

彼は言う。

かの緩和要求が否定的に捉えられることには危惧の念を抱かざるをえない。けだし、真に要求されていることはむしろ激情にある積極的な力を対置することだからである。というのも、徳が激情の不在にではなく、それを超える精神力にあるように、美は激情を遠ざけ抑制することによってではなく、それを超える美の威力によって真価を発揮するものだからである。つまりは激情の諸々の威力が現に示されねばならないのである。(VII, 310)

「激情の威力」が「現示される」最も優れたあり方は、「それを超える美の威力」によるものだが、それをわれわれの目に見える形でつぶさに見せてくれるのが悲劇に登場する英雄だというのがシェリング悲劇論の神髄にほかならず、講義でもすでに提示されていた、この神髄が講演においても披露される。

激情はすでに人間本性、精神力によって緩和されているに違いないが、個々の力ではなく思慮深い精神そのものがあらゆる防波堤を突き破るという高次の事態がある。それはまさしく次のような事態、すなわち、魂まで感性的現生につながれている縛りによって、魂の本来の神的本性とは無縁なはずの苦悩に服従させられる場合であり、人間がむき出しの自然力によってではなく、徳力によって闘争させられ、生の根まで腐食されていると自ら感じる場合であり、あるいはいわれなき過失が人間を犯罪に引き込み、そのため悲運に引き込み、深く感じた不正が人間性の最も聖なる感情に呼びかけて反逆を引き起こす場合である。これが、古代の悲劇がわれわれの眼前に突きつける、あらゆる真実な状況の実情であり、最も崇高な意味における悲劇的状況の実情である。（VII, 312）

ここで、「激情」と「優美」との関係に眼を移すとすれば、悲劇にあっては、おどろおどろしい凶事に見舞われ、時には狂気に陥りながらも、無垢なるゆえに「穢れなき受難者」として没落する英雄の姿を通して、「激情」が浄化され、「優美」という「守護霊」に守られている様を見せることによって、われわれに「魂を予感させる」。すなわち「優美は苦悩を聖化する」のである（VII, 313）。ここではなお魂が「予感」されるだけに留まっているのは、未だ「魂の浄化」に達していないためである。悲劇に見られるような「この最も忌むべきものの中においてすら真価が発揮される優美も、魂による浄化がなければ死んだも同然であろう」（VII, 314）。だが、「魂は居合わせるだけで苦悩する生の激動する力を鎮める力がある」。「どのような外的力も……真に神的な愛の永遠の紐帯の結び目を解くことはできない」。「魂は苦悩の最中にあって、この愛のみが感性的現生を超えて生き続ける感情であることを示すのであり、このように魂は外的生や幸運といった廃墟を超えて神の栄光に高められるのである」（ebd.）。シェリングはここで彼がギリシア彫刻の頂点と見なすニオベー像を引き合いに出す。「これがニオベー像の生みの親がわれわれに示した魂の表現である」（ebd.）と。彼はこのニオベー像にソフォクレースの描き出す英雄像を重ねる。

シェリングは魂の表現が「特性と結合されているか、典雅と優美とが可視的に融合しているか」に応じて芸術の発展段階を区分する。彼はここでも「特性」と「厳格」とを重ね合わせつつ、アイスキュロス悲劇を「厳格」、「典雅」の段階に、ソフォクレース悲劇を「優美」、「優雅」の段階に位置づける(VII, 315)。

すでにアイスキュロスの悲劇の内に、ソフォクレース作品で定着するに至る、かの高貴な倫理性が働いていることに気づかないような人がいようか。もっとも、それもなおアイスキュロスの作品では厳格な覆いに覆われており、まだ全体に及んではいない。なぜなら、それには未だ感性的優美という紐帯が欠けているからである。にもかかわらず、初期芸術のこのような厳格さや未だ恐ろしさを残した優美からソフォクレース的優雅が出現し、これとともに両要素のかの完全な融合が出現しえた。この詩人の作品の中でわれわれを魅了するものが倫理的優美なのか、それとも感性的優雅なのか決めかねるのもこのためなのである。(ebd.)

イェーナ‐ヴュルツブルク講義において、シェリングは「われわれを魅了するものがいずれか決めかねる」(V, 300)という同じ見解をニオベー像に対して表明していた。この点に鑑みても、彼がニオベー像とソフォクレースの英雄像とを重ね合わせていたことが確認できる。ミュンヘン講演において造形芸術論に組み込まれた悲劇論の一つの特徴は、そこにエウリーピデース悲劇は完全に蚊帳の外に置かれていることである。講義に際立つそれに対する極端に低い評価が、講演にあってはこういう形で示されているとと見なすこともできるであろう。

むすびにかえて——シェリング芸術論の終焉

すでに触れたとおり、シェリングのミュンヘン講演における造形芸術論については別の著書（『造形芸術と自然』）で詳論した。そこでも触れたとおり、シェリングの芸術哲学に関する発言はその後もないわけではないもの[13]、講義や講演のようにまとまった議論としては、ミュンヘン講演以降には見られなくなる。このことは、彼初期の哲学において、とりわけ『哲学書簡』第一〇書簡（一七九六年）以降、芸術にかけられ続けた期待が一八〇七年に行われた当講演を最後に放棄されたことを意味する。なぜなら、その二年後（一八〇九年）の『自由論』以降では、議論がそれまでの議論とは決定的に異なった人格神を核に据えた道徳的神学的で歴史哲学的なものに転回するからである[14]。『自由論』をもってシェリングの中期哲学が開始され、初期哲学とは一線が画されるとわれわれが見なすのはこのゆえである。中期哲学における核心問題が「自由の哲学」であることに違いはないが、われわれが初期と中期とを截然と区別するのは、両者の議論の仕方、問題へのアプローチが根本的に異なるものであるからにほかならない。

本書において筆者は、初期哲学の開始を告げる「自由の哲学」への取り組みの様（自我哲学やルター正統派神学批判）、そうしてそこで直面した「自由」をめぐる難問に対する解決策としての芸術論、特に彼最初の悲劇論（『哲学書簡』第一〇書簡）を見（第二章）、さらには『体系』（一八〇〇年）と『芸術哲学』講義（一八〇二－〇五年）における芸術哲学の相違を確認した上で、講義における悲劇論の内容を概説し（第三章）、最後にミュンヘン講演（『造形芸術と自然との関係について』一八〇七年）における悲劇論の意義にも注目した（同最終節）。それゆえ、初期哲学の主要ジャンルの内で触れることのできなかったのは自然哲学ということになるが、これについては、筆者はこれまで数々の著書や編著や訳書にて概説、解明を試みてきた。本シリーズ〈叢書シェリング入門〉では、すでに『人間と自然』（二〇〇四年）を上梓している。本シリーズに限って言えば、『人間と自然』を合わせ、本書にておおよそ一通り、初期哲学の解説を終えたことになる。なお、本シリーズに収めたもう一つの書『知と無知』（二〇〇六年）では、シェリングの初期哲学と中期哲学の双方が扱われている。次に続く解説としては、そこではわずかに言及したに留まった、シェリング中期哲学の開始を告げる『自由論』を主題的に取り上げるつもりである。『人間と自由』と題する続く解説でも、改めて初期哲学と中期哲学との相違について再論するとし、ここに、この予告をもって本書を閉じるとしよう。

■著者略歴

松山壽一（まつやま　じゅいち）

1948年　大阪市生まれ
1981年　立命館大学大学院文学研究科博士課程修了
1985-86年　テュービンゲン大学(旧西ドイツ)留学
1995年　バイエルン科学アカデミー(ミュンヘン)留学
1996-2005年　ドイツ博物館科学史研究所(ミュンヘン)客員研究員
2002-03年　カイザースラウテルン大学(ドイツ)客員教授
現　在　大阪学院大学教授

著　書

『生きることと哲学すること』(北樹出版, 1990年, 増補改訂版1997年, 新版2008年), 『ドイツ自然哲学と近代科学』(北樹出版, 1992年, 増補改訂版1997年), 『科学・芸術・神話』(晃洋書房, 1994年, 増補改訂版2004年), 『ニュートンとカント』(同, 1997年, 改訂版2006年), 『若きカントの力学観』(北樹出版, 2004年), 『ニュートンからカントへ』(晃洋書房, 2004年), 『人間と悪』(萌書房, 2004年), 『人間と自然』(同, 2004年), 『知と無知』(同, 2006年), 『音楽と政治』(北樹出版, 2010年)

編　著

『自然哲学とその射程』(晃洋書房, 1993年), 『ドイツ観念論と自然哲学』(創風社, 1994年), 『シェリング読本』(法政大学出版局, 1994年), 『現代世界と倫理』(晃洋書房, 1996年, 改訂版2002年), 『科学技術のゆくえ』(ミネルヴァ書房, 1999年), 『シェリング自然哲学とその周辺』(梓出版社, 2000年), Natur, Kunst und Geschichte der Freiheit, Frankfurt a. M. 2000, 『シェリング自然哲学への誘い』(晃洋書房, 2004年), 『哲学の眺望』(晃洋書房, 2009年, 監修)

訳　書

P. プラース『カントの自然科学論』(哲書房, 1992年, 共訳), カント全集1『前批判期論集Ⅰ』(岩波書店, 2000年, 共訳), カント全集2『前批判期論集Ⅱ』(同), H. J.ザントキューラー編『シェリング哲学』(昭和堂, 2006年, 監訳), シェリング著作集Ib『自然哲学』(燈影舎, 2009年, 編訳)

叢書シェリング入門6

悲劇の哲学──シェリング芸術哲学の光芒──

2014年10月20日　初版第1刷発行

著　者　松山壽一

発行者　白石徳浩

発行所　萌《きざす》書房

〒630-1242　奈良市大柳生町3619-1
TEL (0742) 93-2234 / FAX 93-2235
[URL] http://www3.kcn.ne.jp/ kizasu-s
振替　00940-7-53629

印刷·製本　共同印刷工業・新生製本

ISBN978-4-86065-088-9

注

序　章

（1）「演劇はそのヨーロッパ語〔古代ギリシア語の〈テアートロン〉〕と日本語の〈芝居〉が示すとおり，何よりもまず〈見るもの／見せるもの〉であり，しかも〈見る者／見せる者〉を現実の1つの空間に集合した，本質的に社会的な営為である。その際，〈見せる〉といっても，絵画や彫刻の展示と異なって，生き身の人間［...］が一定の広がりのある行為をすることを条件とする」(渡辺守章『演劇とは何か』講談社学術文庫，1990年，p. 13)。

ルネサンス期，ギリシア悲劇の再興を目指して始められたオペラ上演も(1600年前後)，当初は王侯貴族の贅沢，社交のために行われたのであり，宮廷からオペラハウスに場所が移されて後もなお同じ有様であった。これを改め，客室を暗くし，オーケストラピットを視界から隠し，観客の耳目を舞台に集中させる劇場造りを敢行したのはドイツのリヒャルト・ヴァーグナーだった(例のバイロイトのフェストシュピールハウス)。拙著『音楽と政治』北樹出版，2010年，pp. 138-142，ヴァーグナーのオペラについては同書pp. 149-164参照。

（2）「コロス」はよく知られているように今日では日本語にもなっている「コーラス」の語源となった語である。興味深いことには，今日の演劇用語や音楽用語の多くが古代ギリシアの野外劇場の名称に由来している。前注で触れた「テアートロン」，それに「オルケーストラー」や「スケーネー」など。今日の「劇場」の語源となった「テアートロン」は元は「観客席」を意味していたし，「管弦楽団」の語源「オルケーストラー」は「踊場・舞台」を指示する語であったし，「シーン(場面)」も「オルケーストラー」の背後にあって書割としても楽屋としても機能した建物「スケーネー」の名に由来する。

（3）俳優の「大げさな語り口」は，後年，喜劇作家によって揶揄されることにもなるが，それは俳優の台詞さえ特定の韻律に従って語られたことを意味している。韻律については，後に改めて触れる。

次いで視覚的効果に関してコメントしておけば，これは所作や扮装によるもののみならず，わが国の歌舞伎の典型的シーンのように，1つのシーンがあたかも一幅の「静止画」の如き様相を呈することによっても引き起こされる。実際の上演という観点からギリシア悲劇批評を試みたオックスフォード大の古典学者タプリン(Oliver Taplin)は，これを「タブロー」と称し，そ

の例として，ソフォクレースの『アイアース』での，家畜の死骸に囲まれて主人公が姿を現す場面（384-595）や，同じ作家の『オイディプース王』での，群集の嘆願に応えて主人公が登場する冒頭場面（1-3）などを挙げている。O．タプリン『ギリシア悲劇を上演する』リブロポート，1991年，pp. 195, 198ff.　訳書の原本は次の書の改訂版。*Greek Tragedy in Action*, Oxford 1978; repr. with rev. 1985.

（4）　丹下和彦「上演形式，劇場，扮装，仮面」〈岩波ギリシア悲劇全集〉別巻（以下，「全集別巻」と略記），1992年，p. 332。

（5）　同上p. 310。

（6）　Aristoteles, *De Poetica*. In: Oxford Classical Texts. 邦訳は今道訳（岩波全集），藤沢訳（筑摩），松本訳（岩波文庫）を参照しつつ，拙訳を試みた。以下同様。

（7）　タプリン前掲書p. 29。

（8）　同pp. 301-303参照。A. Pichard-Cambridge, *The Dramatic Festivals of Athens*, Oxford 1968, pp. 135-156が2人が演じる場合と3人が演じる場合を種々の作品（アリストファネースの喜劇さらにはその後の新喜劇を含め）に即して検討している。他に丹下和彦『ギリシア悲劇ノート』白水社，2010年，第6章「もの言わぬ俳優あるいは雄弁なる沈黙」では，「だんまり」役という側面をも含め，3人俳優制の諸側面が興味深く解説されている。

（9）　山形治江『ギリシャ悲劇――古代と現代のはざまで――』朝日選書，1993年は現代における悲劇観劇という観点から古代のギリシア悲劇に光を当てた優れた論著である。筆者はギリシア国立劇場の来日公演3回の内，第1回目と第3回目の公演を観劇する機会を持った。前掲拙著『音楽と政治』pp. 130-133に，その感想を綴ってみた。

（10）　コロスの役割については，たとえば山形治江『ギリシャ劇大全』論創社，2010年，pp. 50-54参照。なお，丹下前掲書第2章「合唱隊は俳優か」でのソフォクレース劇とエウリーピデース劇におけるコロスの役割の相違に関する考察が有益で興味深い。

（11）　タプリン前掲書pp. 38 f. 細井敦子「戯曲形式」（全集別巻pp. 229-236）では，悲劇の上演構造が3作品（『ペルサイ』，『アンティゴネー』，『ヘレネー』）に即しつつ，韻律をも含め，詳論されている。なお韻律に関しては，他に逸見喜一郎「ギリシア悲劇の韻律」（全集別巻pp. 271ff.）および前掲拙著『音楽と政治』pp. 119-133をも参照。

（12）　20世紀半ばの1955年になってようやく，巨大なエピダウロス劇場（アテネ西方百数十キロ離れたペロポンネーソス半島北東部）において，現代ギリ

シアでの悲劇再演が実現し，以降，それが芸術祭として恒例行事となっている。その中にはオペラ上演も含まれており，たとえば1961年には，ケルビーニの『メデア』が上演され，メデア役を，かの歌姫マリア・カラスが務めている。前掲拙著『音楽と政治』p. 138参照。

(13)　A. Pichard-Cambridge, *op. cit.*, p. 95.

(14)　半人半獣（馬や山羊）の奇怪な姿をした山野の精サテュロスたちが歌い舞う卑猥な笑劇。詳しくは中務哲郎「サテュロス劇とは何か」（全集別巻pp. 342-360）参照。

(15)　丹下前掲論文（同別巻pp. 296-297）参照。

(16)　丹下和彦『ギリシア悲劇研究序説』（東海大学出版部，1996年）第6章「東と西」は，『ペルサイ』に描き出されたペルシアとギリシアという東西対立の諸相（政治面での専制と民主制，社会風俗面での富裕華美と貧困質朴等）を浮き彫りにしている。

(17)　トゥーキューディデースが長大な『戦史』を綴っており，ペリクレースによる有名な戦没者追悼演説はその第2巻（第35-46節）に見える。この点，後述。なお「ギリシア悲劇とその時代」については全集別巻pp. 1-48所収の久保正彰論考参照。

(18)　ギリシア悲劇作品からの引用は〈岩波ギリシア悲劇全集〉から行う。最初の数は原文の行数，それに同全集の巻数と頁数を併記する。なお，参照原文はOxford Classical Texts所収の諸テクスト。

(19)　平田松吾『エウリピデス悲劇の民衆像――アテナイ市民団の自他意識』岩波書店，2002年，p. 10参照。

(20)　Cf. A. Pichard-Cambridge, *op. cit.*, p. 77.

(21)　Jeffrey Henderson, "The Demos and the Comic Competition," in J. John Winkler and Froma Zeitlin (eds.): *Nothing to Do with Dionysos?* Athenian Drama in Its Social Context, Princeton 1990, pp. 275-284; Josiah Ober and Barry Strauss, "Drama, Political Rhetoric and the Discourse of Athenian Democracy," in J. J. Winkler and F. Zeitlin (eds.), *op. cit.*, pp. 3-11; Rush Rehm, *Greek Tragic Theater*, London/New York 1992, pp. 3-11.

(22)　平田前掲書p. 8。

(23)　藤縄謙三「ギリシア世界の展開」浅香正・加藤一郎編『世界歴史』第2巻〈オリエント・地中海世界I〉人文書院，1966年，p. 147参照。

(24)　新村祐一郎「ギリシアの民主政治」同上pp. 340-342参照。

(25)　『縛られたプロメーテウス』「訳者（伊藤照夫）解説」悲劇全集第3巻，p. 296参照。

(26)　ヴェルナンは「ヘーシオドスのプロメーテウス神話」(ヴェルナン・吉田前掲書参照）の意義が人間を4点（「供犠と料理と農業〔労働〕と結婚」）において神々と獣との中間者として位置づけることにあると見なしている。

(27)　後のバロック悲劇の常套となる「アレゴリー」。オペラ草創期の作『オルフェオ』(モンテヴェルディ作曲，1603年初演）には「ムシカ（音楽）」そのものが前口上役として登場する。前掲拙著『音楽と政治』p. 141参照。

(28)　ヴェルナン前掲書pp. 33，48。

(29)　同書p. 16。

(30)　以上については，拙論「自然今昔または意志としての自然――シェリングとショーペンハウアーの自然哲学と意志形而上学――」(『ショーペンハウアー研究』第18号（2013年)，pp. 6，27でも触れられている。

(31)　悲劇全集第2巻「訳者（伊藤照夫）解説」p. 289によれば，後年，キリスト教作家の一人テルトゥリアーヌス（A.D. 2～3C.）は，プロメーテウス像に救世主キリスト像を重ねることになる。

(32)　中村善也『ギリシャ悲劇入門』岩波新書，1974年，第IV章参照。

(33)　前掲訳者（伊藤）解説，全集第2巻p. 302。

(34)　J. J. ポリット（中村るい訳）『ギリシャ美術史』ブリュッケ，2003年，pp. 98-102参照。

(35)　同書同頁。

(36)　同書同頁。

(37)　トゥーキューディデースの生涯や歴史哲学，技法については，たとえばフランスの古典学者ロミイ女史の『ギリシア文学概説』(細井敦子・秋山学訳，法政大学出版局，1998年）第5章IIの解説が教示に富んでいる。

(38)　川島重成『ギリシア悲劇――神々と人間，愛と死――』講談社学術文庫，1999年，p. 194参照。

(39)　『アンティゴネー』「訳者（柳沢重剛）解説」(悲劇全集第3巻）p. 364参照。

(40)　岡道男「ソポクレースについて」の生涯に関する箇所（全集別巻pp. 86-96）参照。

(41)　もっとも，ソフォクレースが最初に優勝した年は前468年（20歳代の終わり）のことと言われており，『アンティゴネー』が上演されたと推定される前441年には彼は55歳になっており，当作は残存作品中では初期作品に相当するが，円熟期の作である。この点，前掲「訳者（柳沼）解説」(悲劇全集第3巻）p. 384参照。

(42)　シュレーゲル（兄）は，ベルリンでの美学講義（1801-02年の「芸術論」講義）において，別箇のものであれ，ソフォクレースの3作品をアイスキュロ

スのオレステイア（オレステース3部作）に準え，「3部作」と見なしている。A. W. Schlegel, *Vorlesugen über Ästhetik I* [1798-1803], Paderborn 1989, S. 742.

(43) 川島重成『ギリシャ悲劇の人間理解』新地書房，1983年，pp. 140，158参照。

(44) この作品に関しては，わが国だけでもいくつも概説，論著が刊行されている。川島重成『オイディプス王』講談社学術文庫，1996年；逸見喜一郎『ソフォクレース『オイディプース王』とエウリーピデース『バッカイ』——ギリシャ悲劇とギリシャ神話』岩波書店，2008年；吉田敦彦『オイディプス王の謎』講談社学術文庫，2011年他。筆者もかつて解説を綴ったことがある。最新版では『生きることと哲学すること〔新版〕』北樹出版，2009年，pp. 58-103。

(45) 神託に関してわれわれは，たとえばE. R.ドッズの次の指摘に耳を傾けるべきであろう。「ギリシア人は神託を信じた。しかし，それは，彼らが迷信深い愚者であったからではなく，彼らが神託を信じないではやっていけなかったからである。」——ドッズはギリシア人のこうしたメンタリティーを，アルカイック時代（前7-6世紀）にギリシア社会が被った危機的状況に求めている。E. R.ドッズ（岩田靖夫・水野一訳）『ギリシァ人と非理性』みすず書房，1972年，pp. 92, 54f., 93f.

なお，周知のとおり，アルカイック時代はギリシア美術史における時代区分とも重なる。ポリット前掲書には随所に美術と演劇との密接な関連に関する興味深いコメントが見られる。たとえば，遠近法は近代（ルネサンス期）の発見と見なされがちだが，実はそれは古代ギリシアにおいてすでに，しかもアイスキュロス悲劇上演ける「スケーネー」への背景画の遠近画法（「スケノグラフィーア」）として案出されたものであったこと（p. 88）等々。

(46) ドッズ前掲書p. 43f.参照。

(47) この嘆きを，ヘルダリンは彼の書簡体ギリシア小説『ヒュペーリオン』第2部の冒頭に掲げている。

(48) B. M. W. Knox, *The Heroic Temper. Studies in Sophoclean Tragedy,* Berkley/Los Angeles/London 1963, p. 148.

(49) *Ibid.*, p. 162.

(50) Cf. *ibid.*, p. 151.

(51) Georg Wilhelm Hegel, *Phänomenologie des Geistes*, Bamberg/Würzburg 1807, VI. Der Geist, A. Der wahre Geist. Die Sittlichkeit. In: WA, 3, 327-342.

(52) Cf. B. M. W. Knox, *op. cit*, pp. 78 f. 川島前掲書『ギリシア悲劇』pp. 167f.

(53) 川島前掲書p. 214。

(54) 同書p. 216。川島はこうした解釈がヘーゲルやノックス（注48）の見解よりは「この悲劇の本質を言い当てている」と彼の見なすブルトマンの見解から示唆を得たものである旨，注記している。同書p. 256，注42。

(55) 同書p. 217。

(56) A. W. Schlegel, a. a. O., S. 741.

(57) 川島前掲書 p. 23。

(58) その際のクリュタイムメーストラーの口上は，「このたびの勝負は，私が長い年月をかけて考え抜いたもの，根は古いいさかいごと，ついに決着のつく日が訪れた」(1377-8: 1, 90)。彼女は王である夫を，留めを含め3度も撃ちすえ，その血潮を浴びつつ言うには，「この身がおぼえた喜びは，ゼウスが降らせる輝く雨に，麦つぶが，莢の中ではじけて，あふれる様に似ていた」(1389-92: 1, 91)。

(59) A. Vogler, *Vergleichende Studien zur sophokleischen und euripideischen Elektra*, Heidelberg 1967, S. 135.

　ドッズ（前掲書p. 48）も，クリュタイムメーストラーには「アラストール〔復讐の女神〕の代理人，道具になった，と感じる瞬間さえあるのだ」と指摘し，このような彼女を，『ペルサイ』に登場する「女司祭ティーモー」と関連づけている。

(60) クリュタイムメーストラーの命乞いの1つ――「待って，おお，そなたは，わが子！　可愛い子！　さ，これを見ても，平気なのですか，私の乳房，いつもおまえはここに頬を寄せてうとうとしては，歯茎で吸い尽くそうとした，やさしく養う私の乳を」(896-8: 1, 176)。

(61) 「私ではない，あなただ，あなた自身を殺すのは」(923: 1, 178)。「あなたは，殺してはならぬ人を手にかけた。だから今，かかってはならぬ手にかかるがよい」(930, 1, 179)。

(62) 丹下前掲書p. 146。

(63) 同上p. 159参照。ちなみに，古代ギリシア世界において女性の地位は低く，当時は奴隷，居留外国人，女性以外の男子のみが市民とされた。また女性たちが悲劇を観劇できたか否かについても専門家たちの間で意見が分かれている。この点，川島前掲書pp. 30-34参照。

(64) アリストファネースの設定では，ソフォクレースは先輩詩人アイスキュロスを「敬して座席から身を引いた」(740: 3, 262) ために，戦いはアイスキュロス対エウリーピデースの一騎打ちとなる。

　なお，当喜劇は，アテーナイがペロポンネーソス戦争敗戦にひた走る間近

に上演され，舞台上でも，亡命中のアルキビアデースを呼び戻すべきか否かという生々しい議論が戦わされている（1422ff.: 3, 307f.）。引用はすべて〈岩波喜劇全集〉より，悲劇全集の場合と同様の出典指示によって行う。

(65)「ミーメーシス（模倣）」の原義を含め，プラトーンとアリストテレースの模倣論の相違，さらにはレッシングの模倣論については，本書「まえがき」で触れたフライブルク講演の第Ⅰ章参照。J. Matsuyama, Freiheit und Notwendigkeit. Zur Poetik und Philosophie des Tragischen bei Aristoteles und Schelling. In: Lore Hühn u. Philipp Schwab(Hg.), *Philosophie des Tragischen, Schopenhauer – Schelling – Nietzsche*, Berlin/Boston 2011, S. 223-228.

(66) Diels u. Kranz, *Fragmente*, II.

(67) タプリン前掲書p. 300f.

時代ははるかに下り，19世紀も後半，両者（アイスキュロスとエウリーピデース）を，「巨人的な芸術家」と芸術の「冒涜者」として対決させる作家が再び登場する。ニーチェである。彼はその独特の悲劇論（『悲劇の誕生』*Die Geburt der Tragödie aus dem Geist der Musik*, 1872）において，エウリーピデースはギリシア悲劇に「非業の死」を遂げさせた張本人として断罪される。「悲劇は死んだ！　悲劇とともに，詩そのものも滅び去った」（I, 75）と。彼の手によって，日常生活を送る人間が観客席から舞台に押し上げられたというわけである。前掲拙論Freiheit und Notwendigkeit. In: A. a. O., S. 242でもこの点に言及した。

(68) 及ばずながら筆者も，前掲拙著『音楽と政治』第3章で，オペラ誕生の次第や韻律形式等について触れてみた。

第一章

(1) P. ブリックレ（田中真造・塚本浩子訳）『ドイツの宗教改革』教文館，1991年，pp. 182f., 281f.参照。

(2) J. ドローズ（橡川一郎訳）『ドイツ史』〈文庫クセジュ59〉白水社，1952年，p. 9。

(3) 同上。

(4) 木田献一・高橋敬基『聖書解釈の歴史——宗教改革から現代まで——』日本基督教団出版局，1999年，pp. 40-43参照。

(5) 成瀬治『ルターと宗教改革』誠文堂新光社，1980年，pp. 26f.参照。なお，以上の記述は次の拙著（pp. 72-79）からの摘録である。『人間と悪——処女作『悪の起源論』を読む——』〈叢書シェリング入門1〉萌書房，2004年。

(6) W. G. Jacobs, *Zwischen Revolution und Orthodoxie? Schelling und seine*

Freunde im Stift und an der Universität Tübingen; Texte und Untersuchungen, Stuttgart-Bad Cannstatt 1989, S. 93.

（7） 前掲拙著『人間と悪』第二章「ルターからシュライアーマッハーへ——近世ドイツにおける宗教思想と聖書解釈の歩み——」参照。

（8） E. Hirsch, *Geschichte der neuern evangelischen Theologie im Zusammenhang mit den allgemeinen Bewegungen des europäischen Denken*, Bd. 5, Gütersloh 1952, S. 3.

（9） 1536年にアウグスティーヌス派の修道院を母体として創立されたテュービンゲンのシュティフト（神学院）は長らくヴュルテンベルク公国の精神的支柱，国費による全寮制の牧師養成機関であり続けた。1790年，シェリングが入学した頃はフランス革命の影響を振り払おうとするカール・オイゲン公による綱紀粛正期に当たっていた。この点および関連諸点については筆者による巻頭グラビア解説「少年シェリングとテュービンゲン」『シェリング年報』第8号（晃洋書房，2000年）参照。

（10） Vgl. M. Leube, *Das Tübinger Stift 1770-1950*, Stuttgart 1954, S. 9ff. シュヌラーの他に名を挙げるべきはディーツであろう。「ディーツがシェリングの最初の2年間の復習教師（Repetent）だった」（W. G. Jacobs, a. a. O., S. 54）からである。なお，ディーツに関しては次の報告を参照。D. Henrich und J. Fr. Döderlein, Carl Immanuel Diez. Ankündigung einer Ausgabe seiner Schriften und Briefe. In: *Hegel-Studien*, Bd. 3, Bonn 1965, S. 276-287, bes. S. 282.

（11） 前掲拙著『人間と悪』の第一章で，筆者はシェリングの学士論文を概説している。またW. G. Jacobs前掲書（S. 256）もむろん当論文とシュヌラーとの関係に触れているばかりか，彼のもう1つの教授資格論文*Gottesbegriff und Geschichtsphilosphie in der Sciht Schellings*, Stuttgart-Bad Cannstatt 1993, S. 44ff. では，シュヌラーおよび当論文におけるスピノザの聖書解釈とのつながりについても指摘されている（特にS. 49f.）。周知のとおり，スピノザは『神学・政治論』において人々を宗教に対する迷信，偏見から解放するために，捕われのない自由な精神による新しい聖書解釈を試みていた。それはヘブライ語研究を基礎とした聖書の新たな歴史的研究の先駆をなすものにほかならなかった（S. 43-44）。またシェリングの父親に影響を与えたと目されているミヒャエリスもスピノザの聖書解釈法を意識していた（S. 42）。だが，この点に注目するヤーコプスも，シェリングに対するこの点での，父親あるいはミヒャエリスの影響に関しては判断を保留している（S. 44）。

（12） Vgl. dazu M. Leube, a. a. O., S. 5. 16f. sowie W. G. Jacobs, *Revolution und*

Orthodoxie, a. a. O., S. 95-98, 106.

(13) Vgl. M. Leube, a. a. O., S. 9. なお，シュティフトの教授陣は3ランクに分かれており，シェリングたちの在学期間では，最上位（上級職Superattendenten）をウーラントが占め，中位（タイトルとしては同名の上級職Superattendenten）をシュトルが占め，シュヌラーは最下位に位置し，かつ彼は1793年以来「教会監督官」Inspektrat（=Ephorus）でもあった（ebd.）。G. W. ヤーコブスの前掲書（S. 27）によれば，このヒエラルヒーにおいて，2つの上級のSuperattendentenは神学部の教授であり，最下位のEphorusは哲学部の教授だったそうだから，中世の大学における神学部と哲学部（＝教養部）の地位の相違がなお生きていた模様である。

(14) D. Henrich, *Konstellationen. Probleme und Debatten um Ursprung der idealistischen Philosophie*（*1789-1795*）, Stuttgart 1991, S. 178.

(15) Ebd. 以下，シュトル『評注』からの引用は，ドイツ語版（*Bemerkungen über Kants philosophische Religionslehre*, Tübingen 1794）から（Bem.と略記）。

(16) この2点にシュトルのカント批判を見ること，およびこれに対してヘーゲルも注目していたことについては，久保陽一『初期ヘーゲル哲学研究――合一哲学の成立と展開――』東京大学出版会，1993年，pp. 61-63参照。

(17) 引用邦訳は拙訳による（以下同様）。いつまで経ってもカント批判哲学の根本テーゼに関する満足のゆく邦訳が現れないからである。

(18) 「自然神学」はニュートンの主著『プリンキピア』第2版（1713年）「総注」における宇宙，自然に認められる規則性から神の存在を推論する神の存在証明にルーツを有する18世紀を通じて支配的だった神学にほかならない。第一批判におけるカントによる定式化において念頭に置かれていたものもこれである。ただし，カントも批判哲学を確立する以前はこの神学に従っていた。したがって，批判期における「自然神学」から「道徳神学」への転換は自己批判を意味する。この点，詳しくは拙著『ニュートンとカント』晃洋書房，1997年，pp. 94-100，170-177参照。なお，自然神学全般については芦名定道『自然神学再考――近代世界とキリスト教――』晃洋書房，2007年参照。

(19) J. メナール（安井源治訳）『パスカル』みすず書房，1971年，pp. 86f.参照。

(20) 息子編〈シェリング全集〉（*Sämmtliche Werke*, hg. v. K. F. A. Schelling）の巻数と頁数。他の一次文献をも含め，テクスト中の強調には傍点を付す。以下同様。

なお，神学論争文のタイトルにも含まれているキーワードDogmatismus

は「教条主義」と訳したいところだが，慣例に従い「独断論」とする。ただし，当作が神学論争文であることからすれば，そこに「教条主義」が含意されていることも念頭に置かれたい。なお，この語は雑誌掲載時には編者ニートハンマーによってDogmaticismusと書き換えられていた。AA I, 3, S. 49参照（AAはアカデミー版シェリング全集の略記）。

(21)　Vgl. A. Pieper, Editorischer Bericht zu den *Philosophishchen Briefen*. In: AA I 3, S. 5, 7, 9.　A.ピーパーは『哲学書簡』が書簡体というスタイルで書かれていること，またそのスタイルに基づく呼びかけが誰に対するものであるかについても興味深いコメントを加えている（AA I, 3, 25 ff.）。

(22)　テュービンゲンの正統派神学の領袖シュトルは，カントによってさえ，「テュービンゲンの有名なシュトル博士」として言及されるほどだった（D. Henrich, a. a. O., S. 178）。

(23)　スピノザ『エチカ』からの引用はゲープルハルト編全集第2巻（1924年）から拙訳によるが，その際，邦訳（畑中尚志訳，岩波文庫）ならびに仏訳（*Éthique*, Texte et Traduction par Ch. Appuhn, Paris 1983）と独訳（Ethik [...]. Neu übers., hg. v. W. Bartuchat（PhB 92）, Hamburg 1999）をも参照しつつ，それを行う。なお，引用箇所の指示は今本文で行ったように，「第5部定理42」等の指示のみとする。

(24)　Vgl. A. Pieper, a. a. O., in: AA I, 3, S. 32

(25)　『哲学書簡』後半部（第5—10書簡）が収められた『哲学雑誌』第3巻第3冊の刊行年は雑誌の扉には1795年と印刷されているが，実際に刊行されたのは翌年春（4月）だった。Vgl. A. Pieper, a. a. O., in: AA I, 3, S. 3, 7.

(26)　Vgl. Chr. Jamme u. O. Pöggeler（Hg.）, *Homburg vor der Höhe in der deutschen Geistegeschichte. Sutdien zum Freudenkreis um Hegel und Hölderlin*, Stuttgart 1981, S. 12.　当書の編者の1人ヤメ（Chr. Jamme）は後年さらに，スコットランド出の貴族シンクレールの政治家，哲学者，詩人としての活動と意義とを，彼の遺稿や書簡を用いながら活写している（*Issac Sinclair. Politiker, Philosoph und Dichter zwischen Revolution und Restaulation*, Bonn 1988）ばかりか，ヘンリッヒ（D. Henrich）とともに，ツヴィリングの遺稿をも刊行している（*Jacob Zwillings Nachlass. Eine Rekonstruktion*（Hegel-Studien, Bhft 28）, Bonn 1986）。

(27)　筆者はW. G. Jacobs, a. a. O., S. 111f. の同様の見解を妥当と考える。

(28)　戯曲『ヘルダリン』の作者ペーター・ヴァイスは，ユダヤ出自（父親がハンガリー出身のユダヤ人）ゆえ，ナチスによる迫害を避けるべくロンドン，プラハ，パリ，スイスを転々とした末にようやくストックホルムに「仮の住

まい」を見出し，大戦後は自身にとって抑圧者の言語にほかならないドイツ語で作品を書き始める。結果，戯曲『マラーの迫害と暗殺（マラー／サド劇）』（1964年初演）に脚光が集まり，オラトリオ『追求――アウシュヴィッツの歌――』（1965年初演），戯曲『亡命のトロツキー』（1970年初演）等，問題作が次々と世に送り出されるに至る。件の『ヘルダリン』（1971年初演，翌年邦訳刊）は前作トロツキー劇に続く革命劇（「裏切られた革命」という革命劇）である。ちなみに彼のトロツキー劇は1968年夏のソ連によるチェコの自由化運動（いわゆる「プラハの春」）圧殺に対するプロテストとして上演された。

なお，トロツキーならびにチェコ事件に関する筆者の見解をある機会に綴ったことがある（前掲拙著『音楽と政治』pp15-18――筆者の処女作，実はトロツキー論を含むスターリニズムの起源論で，1971年執筆，その翌年刊『法政哲学』復刊第1号）。ヘルダリンについて言えば，筆者自身，拙稿「ヘルダリンとシェリング」（1990年）を今なお自身の代表作の1つと考えている。当作でのそれを含め，筆者なりのヘルダリン論を必要に応じ本書に盛り込むつもりである。

(29) P. Bertaux, *Hölderlin und die Französische Revolution*, Frankfurt a. M. 1969.

(30) *Briefe von und an Hegel*, hg. v. J. Hoffmeister, Bd. 1, Hamburg 1952.

(31) 本節における叙述を含め，続く諸節（第5節までの全5節）の叙述は，ほぼ20年近くも前に執筆した拙稿「スピノチストとしてのシェリング――シェリングのスピノザ受容（1795年）――」『人文自然論叢』第33・34号（1996年）の前半部分（pp. 11-27）の再録である。再録に際し，本書用に文章を必要に応じて変更し，入れ替えを試みた上で，その後の情報をも多少追加しつつ，シェリングからの引用文についても可能な限り改訳を試みた。

(32) 拙著『科学・芸術・神話――自然哲学のアクテュアリティ』晃洋書房，1994年，第2部第1章（増補改訂版2004年，第5章）および拙稿「シェリングのアクテュアリティ――自然・国家・神話――」（西川富雄監修『シェリグ読本』法政大学出版局，1994年，pp. 27f.でも，筆者は繰り返し，このことを強調している。

(33) *Werkausgabe J. Jacobis*, Bd. IV, Teilband 1, Leipzig 1819.

第二章

(1) 私見によれば，これと並んで他になお決定的に重要な役割を果たしているのがプラトーン受容である。この点，拙稿「ヘルダリンとシェリング」前掲

拙著『科学・芸術・神話』所収（初出は1990年刊の〈講座ドイツ観念論〉第4巻）参照。Ch. Jammeもこの点をすでに次のように強調していた。「思弁哲学に伴う体系諸構想はカントの体系形式から導出できているわけではなく，他の源泉，懐疑的ならびにスピノザ-新プラトーン的源泉から引き出される」（*Isaak von Sinclair*, a. a. O.(1987), S. 48）。

（2） *Fichtes sämmtliche Werke*, hg. v. I. H. Fichte.

（3） Cf. J. Deleuze, *Spinoza. Philosophie pratique*, Paris 1981, p. 102.

（4） Cf. *ibid.*, pp. 77-79.

（5） Cf. *ibid.*, pp. 113-115.

（6） この点については前掲拙稿「スピノチストとしてのシェリング」pp. 30-33を参照されたい。

（7） 『基礎』におけるフィヒテのスピノザ批判は他の箇所でも見られるが，今引用した第1章末尾でのそれの内に批判の基本点はほぼ尽くされており，他は概ねその繰り返しであり，補足である。Vgl. I, 119-121; 155; 255.

（8） フィヒテのスピノザ理解およびそれに対する批判については，それに関する次のグローバルにしてかつ入念な研究を参照。藤澤賢一郎「フィヒテに於けるスピノザ主義と反スピノザ義」大阪大学人間科学部紀要第8巻（1982年）。なお，カントの要請論に関しては，細川亮一の近著『要請としてのカント倫理学』（九州大学出版会，2012年）がタイトルに明示されている立場から要請論の基本諸問題を綿密に考証しており，有益である。

（9） これから取り上げる『自我論』と『哲学書簡』のみならず，シェリングがこれに先立ち初めて哲学的テーマを主題化した『形式論（哲学一般の形式の可能性について）』（1794年）においても，フィヒテの「知識学の根本概念」のパラフレーズに留まらず，そこには『ティマイオス注釈』（同年）の知見が盛り込まれていた。ザントカウレン女史の博士論文がこの点を際立たせている。Birgit Sandkaulen-Bock. *Ausgang vom Unbedingten. Über den Anfang in der Philosophie Schellings*, Göttingen 1990, S. 22-28.

（10） ここに「第2の革命」とは，カント批判哲学によって遂行された「思考法の革命」（KrV, B XI）という「第1の革命」に次ぐものである。この点，前掲拙稿「スピノチストとしてのシェリング」pp. 39-41参照。

（11） W. G. Jacobs, *Gottesbegriff*, a. a. O., S. 177.

（12） 前掲拙著『科学・芸術・神話』p. 149（増補改訂版p. 135頁）および『人間と悪』第一章参照。

（13） Vgl. M. Franz, *Schellings Tübinger Platon-Studien*, Göttingen 1996. テュービンゲン時代のプラトーン研究の一成果がかの『ティマイオス注釈』

(1794年) にほかならない。その内容と意義については次の拙稿 (1995年10月イタリアのミラノ大学での国際シェリング協会大会での講演原稿) 参照。Die Vereinigung des Entgegengesetzten. Zur Bedeutung Platons für Schellings Naturphilosophie. In: R. Adolphi u. J. Jantzen(Hg.), *Das antike Denken in der Philosophie Schellings*(Schellingiana, Bd. 11), Sttutgart-Bad Cannstatt 2004, S. 23-38.

(14) W. G. Jacobs, *Gottesbegrifff*, a. a. O., S. 177. 前掲拙著『人間と悪』pp. 12-24でも，筆者はこの点について詳論した。

(15) 第3の自然哲学的著作 (イェーナ講義)『自然哲学体系の第一草案』(1799年) では「無制約者」の原理が自然にも適用される。「いかなる対象であれ，哲学の対象である限り，それは端的に「無制約的」と見なさねればならない。問題となるのは，自然に対してどの程度まで「無制約性」を帰すことができるかということである」(III, 11)。これが『草案』の冒頭句である。なお，シェリング自然哲学の概要については拙著『ドイツ自然哲学と近代科学』北樹出版，1972年 (増補改訂版1997年) および『人間と自然』〈叢書シェリング入門2〉萌書房，2004年，拙編訳『自然哲学』〈シェリング著作集第1b巻〉燈影舎，2009年等参照。

(16) ここで注目しておくべきは，シェリングの初期哲学の最後の到達点である「同一哲学」の基本命題が，『自我論』の基本命題の書き換えになっている点である。すなわち，そこでは「自我」を「理性」に置き換え，「理性の内にすべてがあり，理性の外には何もない」と表現されており，これが「同一哲学体系」の根本原理をなすものとなる。この点，第4章第2節で再論，詳論する。

(17) 「一にして全」Ἓν καὶ Πᾶν は，当時のヘルダリンやシェリングたちにとって決定的に重要な「合い言葉」にほかならなかった。この点，拙稿「ヘリダリンとシェリング」前掲拙著『科学・芸術・神話』pp. 135-139, 147-152 (増補改訂版pp. 121-125, 133-138) 参照。

(18) 工藤喜作『スピノザ』〈人類の知的遺産35〉講談社，1979年，p. 345参照。

(19) シェリングが独断論に対して批判主義を支持するのは，その要請論のゆえである。「批判主義が独断論から区別されるのは [...] その実践的要請の精神による」(I, 322)。

(20) Vgl. G. Kurz, *Mittelbarkeit und Vereinigung. Zum Verhältnis von Poesie, Reflexion und Revolution bei Hölderlin*, Stuttgart 1795, S. 56-58. ちなみに，この時期におけるヘーゲルを含めた3者のカント要請論との距離を見れば，ヘーゲルはカントのそれに全面的に従うという最右翼に位置し，ヘルダリン

はそれから全面的に離れるという最左翼に位置し，シェリングは両者の中間に位置していた。けだし，彼はそれに従いつつ離れるというアンビヴァレンツな立場に立っていたからである。

第三章

（1） シェリングは，『哲学書簡』に続く『最新の哲学文献概観』第2論文（1796年）では，有限者から無限者への移行の不可能という見解を「古代哲学の命題」と規定して，これを比喩によって覆い隠そうとした」試みとして，新プラトーン主義の「流出論」を挙げ，それを「スピノザ主義の不可能性」とも関連づけている（I, 367）。

（2） A. Pieper, “Ethik à la Spinoza”, Historisch-systematische Überlegungen zu einem Vorhaben des jungen Schellings. In: *Zeitschrift für Philosophische Forschung*, Bd. 21, Hft 4, 1977, S. 564.

（3） シェリングは第8書簡で，スピノザの知的愛に関連する一連の諸命題を引用している。ここではその一部（たとえば『エチカ』第5部定理36および同注解）のみを引用しておこう。「神に対する精神の知的愛は神が自分自身を愛する無限の愛の一部である」。「われわれは明瞭に理解する。われわれの救済，幸福，自由がどこにあるかを。すなわちそれは神に対する変わらぬ永遠の愛の内にある」。

（4） シェリングによるスピノザの静寂主義に対する注目はエアランゲン講義（1821年）にもすでに見出されるが，それは『近世哲学史』講義（1833-34年）では次のように語られる。「疑いなくスピノザ説のこの静寂と平安こそ，特にその深みという印象を産み出し，内に秘めた抗し難い魅力によってかくも多くのの人々を惹きつけた所以である」（X, 35）。この点，詳しくは前掲拙著『知と無知』pp. 146-148および拙稿「スピノザとシェリング」『スピノザーナ』第8号（2007年）p. 16参照。

（5）『自由論』（1809年）中，目立った自由の定義は次のとおりであり，かつ，それはスピノザの『エチカ』第1部定義7を念頭に置きつつ記されたものにほかならなかった。「叡知的存在者はたしかに端的に自由に絶対的に行為するように，たしかに自分自身の内的本性に従ってのみ行為できる。言い換えると，行為は叡知的存在者の内面から同一性法則と絶対的必然性によってなされる。ちなみに絶対的必然性のみが絶対的自由である。というのも，自分自身の存在者の法則に従ってのみ行為し。内外いずれであれ，他の何ものによっても限定されていないものこそ自由だからである」（VII, 384）。

周知のとおり，シェリングは，『自由論』の「序説」ではスピノザ主義を

厳しく批判しながら，本論において自由を定義するに際してはスピノザに依拠している，言い換えると，初期以来の立場を踏襲している。こうした点に眼を止めると，われわれは，シェリングの初期思想と中期思想との非連続と連続という厄介な問題に遭遇することになる。ただ厄介な問題ながら，この問題を看過しないことはシェリングの思想発展を理解し解釈する上できわめて重要である。本書におけるわれわれの中心テーマである悲劇の問題に関して私見を記しておけば，自由の定義の内実（内的必然性としての自由）においては初期の悲劇論での自由の哲学が中期においても踏襲されながら，悲劇論特有の議論（運命や没落をめぐる議論）は，中期の出発点に立つ『自由論』においては，そこでのキリスト教的な議論（人格神，救済，愛）のため，背後に退けられる。議論の場が古代異教の世界から近代キリスト教の世界に転換しているためである。これらについては近刊『人間と自由――シェリング『自由論』を読む』で改めて論じる予定である。

（6） 本章第三節で確認したとおり，フィヒテ知識学の第1原理は以下のとおりであった。「自我は根源的端的にそれ自身の存在を措定する」(I, 98)。またこれは，「我あるがゆえに，端的に我あり」(ebd.) と言い換えられている。

（7） ここでわれわれの注目すべきは，「全哲学のはじめにして終わりは――自由である」(I, 177) と，シェリングが自身の標榜する哲学が「自由の哲学」であることを宣言し，「哲学の原理」としての自由が他者を排除した絶対自我にあることを説いた『自我論』の立場から，さらに一歩，自身の哲学の歩みを進めているという点である。すなわち，彼はここでカント批判哲学に似て，課題の最終的解決を「実践的要請」に求めながらも，真善美，言い換えると，理論，実践，芸術という哲学の3主要領域の最後の領域に足を踏み入れている。この歩みがさらに進むと，ヘルダリンやイェーナクライスの面々同様，第3の領域すなわち芸術，美こそ，理論と実践との対立，分裂を克服し，両者を合一するものであるという「美的観念論」の立場に到達する。これは，周知のとおり，『超越論的観念論の体系』で表明される立場だが，今注目している『哲学書簡』後半部の4年後のものである。

第四章

（1） 第一章注2参照。

（2） 木谷勤・望田幸男編『ドイツ近代史――18世紀から現代まで――』序章「「虚飾の帝冠」と領邦体制――18世紀ドイツの政治と社会――」ミネルヴァ書房，1992年，pp. 1-37参照。

（3） *Schillers Werke*. Nationalausgabe, hg. v. J. Petersen, F. Beißner *et al.*,

Weimar 1943f.

（4） ジークリット・ダム（中村元保・渡邊洋子訳）『フリードリヒ・シラーの生涯』同学社，2009年，第4章参照。

（5） ダム前掲書p. 218参照。

（6）『美的教育書簡』成立の経緯については内藤克彦『シラーの美的教養思想――その形成と展開の軌跡――』三修社，1999年，pp. 171-175参照。

（7） 1，2年後に草されたかの『体系綱領』に記された次の文言も，今引用した『書簡』中のシラー発言の反響に違いないが，そこに掲げられる国家廃絶のスローガンはシラー発言（道徳的国家の建設）を飛び越えるほどにラディカルなものとなっている。「国家に関しては理念は存在しない。国家は機械的なものだからである。[…] われわれは国家をも越えねばならない。どのような国家も自由な人間を機械的な歯車装置として扱わざるをえないからである」（Rüdiger Bubner（Hg.）, *Das älteste Systemprogramm. Studien zur Frühgeschichte des deutschen Idealismus.* In: *Hegel-Studien*, Beiheft 9, 2. unveränderte Aufl., Bonn 1982, S. 263）。この点前掲拙論「シェリングのアクテュアリティ」前掲『シェリング読本』pp. 25-29参照。

（8） Walter Muschg, Schiller. Die Tragödie der Freiheit. In: Ders., *Schiller. Reden im Gedenkjahr 1959*, Stuttgart 1961, S. 226.

（9） H. メットラーもシラーの『書簡』をフランス革命のみならず，カント哲学とも関連づけているが，それは特にカントにおける「啓蒙の政治的プログラム」との関連である。H. Mettler, *Entfremdung und Revolution: Brennpunkt des Klassischen. Studein zu Schillers Briefen 〈Über die ästhetische Erziehung des Menschen〉 im Hinblick auf die Begegnung mit Goethe*, Bern /München 1977, S. 65. 筆者は，第一章二節で注目したとおり，こうしたコンテクストにおいても，政治哲学に限定することなく，批判哲学そのものの革新性と関連づけることができると考える。

（10） カントの「自由な遊戯」概念はシェリングの自然哲学の化学論においても活用される。この点，拙稿「諸力の自由な遊戯と進展としての自然――シェリングの自然哲学とロマン主義」伊坂青司・原田哲史編『ドイツ・ロマン主義研究』御茶の水書房，2007年，pp. 67-94特にpp. 74-80参照。

（11） 内藤前掲書p. 212参照。

（12） 長倉誠一『シラーの美的関心考――シラーによるカント批判の帰趨――』未知谷，2003年，pp. 116-118参照。

（13） ヘルダリンの引用はGroße Stuttgarter Ausgabe, hg. v. F. Beissnerから。

（14） Vgl. R. Bubner（Hg.）, *Das älteste Systemprogramm*, a. a. O.; Frank - Peter

Hansen, "*Das älteste Systemprogramm des deutschen Idealismus*". *Rezeptionsgeschite und Interpretation*, Berlin/New York 1989, Erster Teil, S. 19-343.

(15) 前掲拙著『科学・芸術・神話』pp. 131-132（増補改訂版pp. 117-118）参照。

(16) R. Bubner, a. a. O., S. 264.

(17) Vgl. F.-P. Hansen, a. a. O., S. 446.

(18) Vgl. Dieter Henrich, Der Begriff des Schönen in Schillers Ästhetik. In: *Zeitschrift für philosophische Forschung*, Bd. 11 (1956), S. 538.

(19) Vgl. Gerhard Kurz, a. a. O., S. 16-31.

(20) Klaus Düsing, Ästhetischer Platonismus bei Hölderlin und Hegel. In: C. Jamme u. O. Pöggeler (Hg.), *Homburg vor der Höhe in der deutschen Geistesgeschichte. Studien zum Freundekreis um Hegel und Hölderlin*, Stuttgart 1981, S. 104f. 前掲拙著pp. 132-135（＝増補改訂版pp. 118-121）参照。

(21) 「まえがき」でも強調したとおり，この問題は学問的のみならず，世界観ひいてはわれわれの生き様の根幹にかかわる大問題でもある。ドイツ観念論期に浮上した形での芸術と哲学との関係あるいは美学と倫理学との関係について以下の研究に示唆に富んだ考察が多々見られる。Hans Feger, *Poetische Vernunft. Moral und Ästhetik im Deutschen Idealismus*, Stuttgart/Weimar 2007.

(22) W. Jaeschke, Ästhetische Revolution. Stichworte zum Einführung. In: Der. u. Holzhey (Hg.), *Früher Idealismus und Frühromantik. Der Streit um die Grundlagen der Ästhetik (1795-1805)*, Hamburg 1990, S. 7. 邦訳は相良憲一他監訳『初期観念論と初期ロマン主義』昭和堂，1994年。

(23) Ebd., S. 1.

(24) Ebd., S. 2.

(25) 前掲拙著pp. 169-196，前掲拙論「シェリングのアクテュアリティ」前掲『シェリング読本』pp. 29-34他参照。

(26) W. Jaeschke, a. a. O., S. 4.

(27) 小川真人『ヘーゲルの悲劇思想』勁草書房，2001年。『自然法論』の悲劇論に関する考察は特にその第5章「国家論と悲劇論の交差」でなされている。

(28) P. Szondi, *Poetik und Geschichtsphilosophie II*, Frankfurt a. M. 1974 (stw 72), S. 208.

(29) シェリングの初期哲学における「平行論」については次の解説が教示に富んでいる。D. Jähnig, Schelling. *Die Kunst in der Philosophie*, Bd. 1, Pfullin-

gen 1966, S. 64f.; S. 67–70.

(30)　ここでのシェリングの叙述法がある面でヘーゲル『精神現象学』の叙述法に先駆するものであると見なすことができるであろう。シェリングの『体系』には他の点でも（特に「常識」と「懐疑」との関連）同様のことが指摘可能である。この点，前掲拙著『知と無知』pp. 85–104参照。

(31)　Vgl. W. G. Jacobs, Zur Geschichtsphilosophie des jüngeren Schelling, in: H.J. Sandlkühler (Hg.), *Weltalter. Schelling im Kontext der Geschichtsphilosophie*, Leipzig 1996, S. 41.

(32)　安酸敏眞『レッシングとドイツ啓蒙』創文社，1998年，pp. 225, 262参照。

(33)　安酸前掲書p. 242参照。

(34)　シェリングによる歴史の3段階把握は，最初期，彼17歳の処女作（『悪の起源論』1792年）に始まり，中期（『世齢』*Weltalter*草稿1810–15年）はむろんのこと，後期（『啓示の哲学』講義1831–52年）にまで及んでいる。

(35)　ここでシェリングが法制や国家を「機械的法則性」の下に特徴づけているのも，たとえば『体系綱領』において国家が「自由な人間を歯車装置として扱わざるをえない」として批判され，国家廃絶のテーゼが掲げられている点と関連していると思われるが，彼のさらなる法制論，国家論は1800年の『体系』に見出される。以上の諸点については，拙著『科学・芸術・神話』1994年，pp. 172，175–176（増補改訂版2004年，184，187–188）参照。

(36)　今見たシェリングの歴史観は「絶対者の啓示」という観点から立てられたものであり，『体系』には他に，カントに倣った「世界公民的制度」の成立史という法制史的政治史的な史観も盛り込まれていた。前注に記した問題はこちらに関連する。W. G. ヤーコプスは『体系』における歴史と芸術を論じた際に，二様の歴史概念と関連させつつ，『体系』における芸術論が，F. シュレーゲル（『ギリシア文学研究論』）の場合のように芸術を歴史（法制史・政治史）内に解消するものではなく，「無制約的契機を芸術に与えるもの」であることを指摘している。『体系』における芸術論を理解する上で重要な指摘である。Vgl. W. G. Jacobs, Geschichte und Kunst in Schellings »System des transzendentalen Idealismus«, in: W. Jaeschke u. H. Holzhei (Hg.), *Früher Idealismus und Frühromantik*. a. a. O., S. 201–213. なお他に，シェリング歴史哲学を啓示の立場から特徴づけるものとして，たとえばH. J. ザントキューラー編（松山監訳）『シェリング哲学――入門と研究の手引き――』昭和堂，2006年，第7章をも参照されたい。

(37)　『体系』における要請論の役割については次の解説が興味深い。そこではそれの「自由」概念との関連や「自己意識の歴史」思想との関連が説かれて

いる。H. Paetzold, *Ästhetik des deutschen Idealismus*, Wiesbaden 1983, S. 121.

(38) B. Barth, *Schellings Philosophie der Kunst. Göttliche Imagination und ästhetische Anschauung*, Freiburg/München 1991, S. 130.

(39) 『哲学書簡』冒頭（第1書簡）にすでに，「美の本来の原理」が世界と自己との闘争における「両者の和解」にあること，「真の芸術」「芸術における神的なもの（θεῖον）」が「内的原理」として，対立原理を合一する「知的直観」にほかならないことが語られていた（I, 285）。L. クナッツは『哲学書簡』第1書簡におけるこのテーゼに注目しつつ，すでに「芸術」が広く「普遍的精神原理」の下で捉えられている点を強調している。Vgl. L. Knatz, *Geschichte－Kunst－Mythos. Schellings Philosophie und die Perspektive einer philosophischen Mythostheorie*, Würzburg 1999, S. 176.

(40) Vgl. D. Jähnig, *Schelling. Die Kunst in der Philosophie*, Bd. 2, Pfullingen 1969, S. 8.

(41) Vgl. ebd., S. 7f. D. イェーニヒは上の点を指摘した後，「大きな穹窿の要石」に言及しているゲーテの『ヴィルヘルムマイスター』（第4巻第1章）の一節を引用するばかりでなく，中世キリスト教における「要石」としてのキリスト像にも説き及んでいる（S. 7; S. 322 Anm 2）。

(42) 『体系』（最終章）の有名なテーゼに登場するOrganonやDokumentという語は日本語にしづらく，従来様々に訳されてきているが，筆者はOrganonをアリストテレース論理学の総称として通用してきた「予備学」としての「道具」ではなく，『体系』の他の箇所（「序説」第4節および最終章第3節III, 351, 625）でOrganという語が用いられている用例（「美的器官」das ästhetische Organもしくは「全哲学の器官」das Organ aller Philosophie）同様，「器官」と訳す。そもそもOrganもOrganonもともにギリシア語*ὄργανον*を語源とし，その主要な語義は道具および身体器官である。シェリングはOrganonという語をギリシア語語源に沿いつつ，これを広く有機体全体に及ぶ普遍的な意味，しかも自然哲学的に普遍的な意味で用いているものと解し，かつ，これを他の箇所（「序言」III, 331）では「記念物」Denkmalとも併記される「記録」Dokumentという歴史哲学的語彙とともに用いているものと解する。すなわち，OrganonとDokumentという2つの語は，彼の哲学体系構想における自然哲学と歴史哲学という哲学の2大部門が念頭に置かれた対句，措辞と解する。

(43) シェリング説を深層心理学と比較する研究さえある。拙著『ドイツ自然哲学と近代科学』北樹出版，1990年，p. 263（増補改訂版1997年，p. 283）参

照。

(44) シェリングは『叙述』に引き続き『詳述』において絶対知と絶対者とが同一であることを詳論するが，彼はそこで「知的直観」は教えられないことを強調した上で，こうした能力を有さない常識を排除している。「理解すべきことは [...] 哲学への通路をきっぱり遮断し，常識から哲学へと道，歩道が通じないように〔哲学を〕全面的に常識から隔離することである」(IV, 362) というように。同一哲学における常識と哲学（「絶対知」）との関連については本入門シリーズの3に当たる拙著『知と無知——シェリング，ヘーゲル，西田——』(2006年)pp. 99-100参照。

(45) M. フランクの言う意味で「ロマン派的」。「私が「ロマン派的」と名づける哲学では，絶対者を反省によって捉えるという要求が放棄され——この欠損が芸術という媒体によって補完される」。このような哲学として彼は「ヘルダリンのロマン主義に関する著作やシェリングの美学たとえば『超越論的観念論の体系』までの美学」を挙げ，シェリングの『芸術哲学』やヘーゲルの『美学講義』をそこから排除している。M. Frank, *Einführung in die frühromantische Ästhetik*, Frankfurt a. M. 1989, S. 222f.

(46) 前掲拙著『科学・芸術・神話』p. 159 (増補改訂版p. 145)。

(47) 『判断と存在』の内容と意義については拙著『科学・芸術・神話』晃洋書房，1994年，pp. 139-144 (増補改訂版2004年，pp. 125-130) に詳論した。後にその一端に触れることにする。

(48) *Novalis Schriften. Die Werke Friedrich von Haldenbergs.* Hg. v. P. Kluckhohn *et al.,* Stuttgart 1960f.

(49) 以上の諸論点については次の研究に要領のよい記述が見られる。Stefanie Roth, *Friedrich Hölderlin und die deutsche Frühromantik*, Stuttgart 1991, S. 138. また，ノヴァーリスの『フィヒテ研究』の基本的内容については岩田雅之「ノヴァーリスの『フィヒテ研究』における意識と記号について」『シェリング年報』第7号 (1999年)，pp. 72-81参照。

(50) Ph. ラクー＝ラバルト (高橋透・吉田はるみ訳『メタフラシス』未来社，2003年，p. 51) は，悲劇を「知的直観の隠喩」とする，ヘルダリンによるこうした定義が『哲学書簡』最終書簡におけるシェリングの見解に由来するものと見なしているが，今引用したとおり，これにさらに合一哲学の立場が加わっている点も看過されてはならない。なお，ヘルダリンによる「知的直観の隠喩」という悲劇の定義は，ホンブルク時代における彼独特の文芸ジャンル論および音韻交代論に即して提示されている。この点，P. ソンディ『ヘルダーリン研究』ヘルダーリン研究会訳，法政大学出版局，2009年，pp.

122ff.参照。

(51) ロート (S. Roth, a. a. O., S. 139f.) はそのように想定している。

(52) この問題について，前掲拙著『科学・芸術・神話』pp. 188-192(増補改訂版pp. 200-204) に私見を綴ってみた。

(53) この点に関しては次の論考が要領のよい解説を行っている。K. Düsing, Schellings Genieästhetik. In: A. Gethmann-Siefert(Hg.), *Philosophie und Poesie. Otto Pöggeler zum 60. Geburtstag*, Stuttgart-Bad Cannstatt 1988.

(54) P. Szondi, a. a. O., S. 220.

(55) 「同一哲学」の構想は以下で見るとおり，論考『わが哲学体系の叙述』においてはじめて公表されるが，これはシェリング自身の編集する『思弁的自然学雑誌』第2巻第2冊に掲載されたものであり，その刊行年月は1801年4月である。Vgl. dazu M. Durner, Einleitung zur *Zeitschrift für spekulative Physik*, Bd. 2(PhB 524b), Hamburg 2001, S. IX. ちなみに『体系』「序言」の日付は1800年3月である。

(56) 「神の内にすべてがあり，神なしには何もなく，何も捉えられない」(スピノザ『エチカ』第1部定理15)。この定理，命題のエチカ体系上の意義およびその関連諸問題については以下の拙論参照。Identität, Übergottheit, Ekstase. Nähe und Ferne zwischen Schelling und Nishida. In: *JTLA, Aesthetics*, Vol. 32, Tokyo 2007, pp. 163-173, esp. pp. 163-165.

(57) 『シェリング年報』第16号 (こぶし書房，2008年) 所収の筆者によるグラビア解説「エッシェンマイヤーとシェリング――自然哲学と宗教哲学における両者の牽引と反撥」参照。そこでは，『自然形而上学』におけるエッシェンマイヤーのポテンツ論の実際を紹介するだけでなく，彼が『非哲学への移行における哲学』(1803年) において同一哲学を批判し，それによってシェリングに『哲学と宗教』を執筆させた点についても解説している。なお，エッシェンマイヤーはシェリングの編集する『思弁的自然学雑誌』への寄稿者でもあり，彼は論考「自発性＝宇宙霊」(1801年刊の同誌第1巻第1冊) においてシェリングの自然哲学を批評してもいる。この点，次の拙稿参照。Kraft und Äther. Zu Schellings Annäherung an den Äthergedanken Newtons. In: K. Wiegerling u. W. Lenski(Hg.), *Wissenschaft und Natur. Studien zur Aktualität der Philosohiegeschichte*, Nordhausen 2011, S. 173-207, hier S. 196-200.

(58) ポテンツ概念は，すでに強調したとおり，自然哲学体系のみならず，同一哲学体系 (たとえば『叙述』や『詳述』) でも採用され，活用されることも看過されてはならない。この点，すぐ後で見るように，同体系に属する芸術哲

学体系においても同様である。いやそれどころか，さらに後年（中期の歴史哲学や後期の神話と啓示の哲学）においてさえ，これは自説を展開するために主要な役割を果たすことになる。ことほどさようにシェリングにとってポテンツ概念は重宝極まりないものであった。

(59)　『一般的演繹』（1800年）におけるポテンツ概念の用法について詳しくは拙著『人間と自然』〈叢書シェリング入門2〉萌書房，2004年，pp. 48–58参照。なお，他の自然哲学的諸著作での同概念の用例については拙編訳『自然哲学』〈シェリング著作集第1b巻〉燈影舎，2009年，pp. 133，197，228–230，237，258–263，291等およびp. 314（『宇宙霊』訳注31），p. 321（『草案』訳注20），pp. 325–326（『草案序説』訳注24），p. 328（『草案序説』訳注36）をも参照。

(60)　このようなものとしてのシェリング「芸術哲学」は，バウムガルテン以降，シェリング以前（カント説に追随した諸説をも含め）に「美学」と称された「通俗性」と「経験主義」あるいは「趣味の欠如」に陥っていた従来の美の理論に取って代わるものにほかならなかった（V, 361f.）。件の哲学は，シェリングの強調するところによれば，自身の自然哲学同様，形式，内容ともに「根源的な原理」（V, 362）にまで遡って構築され，これによって，芸術の世界という自然の世界以上に込み入った「迷宮」に「新たな光」を投ずるもの（V, 363）と特徴づけられている。

(61)　G. W. F. Hegel, *Werke in zwanzig Bänden*, Theorie Werkausgabe, hg. v. E. Moldenhauer u. K. M. Michael.

第五章

（1）　シェリングはこの講義のためにA. W. シュレーゲルのベルリンでの美学講義を利用している。この点，前掲ザントキューラー（松山監訳）『シェリング哲学』p. 168参照。なお，当講義での悲劇論の主要内容については第六章第一節で紹介する。

（2）　後年のシェリングの述懐（「私の将来の自筆遺稿の概要」）によれば，講義中「悲劇」に関する章のみ「出版に値する」とされており，彼は講義における「悲劇論」を特別視している。前注にも掲げた『シェリング哲学』p. 168を見られたい。

（3）　すでに見たとおり（第四章第一節），『体系』における「美的観念論」によっても「要請」というカント的制約は廃棄されていたが，むろんこれは同一哲学体系におけるそれとは異なったものであった。

（4）　K. Hay, *Die Notwendigkeit des Scheiterns. Das Tragische als Bestimmung*

der Philosophie bei Schelling, Freiburg/München 2012, S. 84.

（5） Vgl. ebd., S. 64.

（6） この両義性は，シェリング説にのみ固有のものというわけではなく，実はギリシア悲劇作品そのものにも認められる。アイスキュロスのオレステース3部作の第3作『慈しみの女神たち』である。シェリング自身は当作の両義性に気づかぬまま，当作の一面のみ，すなわち「和解」の側面のみに注目している。彼曰く。「悲劇的効果はけっして不運と呼ばれるのが常であるものにのみ基づいているばかりでなく，さしあたりそういうものに基づいているのでもない。また悲劇は完全に和解して終わるが，それは運命を成就させるばかりでなく生命を全うさせさえする。[...] パラスアテーネーが赦免箱に入れる賢者の石だけが彼〔オレステース〕を解放するが，このことは次のことなしにはありえなかった。すなわち，復讐の女神エリニュエースが和解の手を差し伸べ，以後アテーナイの民の下で神的威力として崇拝され，その都市の中に，また都市が聳える城塞の対面に寺院を有することなしにはありえなかった」(V, 698)。

ここでアイスキュロスの『慈しみの女神たち』における最後の「和解」，「赦し」の場面が，後年の改変による可能性のあることに注目しておくべきであろう。オレステース3部作における基調が血で血を洗う復讐劇にあることは一目瞭然だからであり，3部作の最終作の最後の場面はこれとは異質なものだからである。ここで筆者自身の感想を率直に記すとすれば，筆者はオレステース3部作に最初に接して以来，全体のトーンと第3作の最終場面でのトーンとの相違に，これらがはたして同一人物の作かという違和感，疑念を抱き続けてきた。シェリングによる「悲劇の本質」の定義およびそれに基づく実際の悲劇評価に対しても，筆者はこれに似た違和感，疑念を抱かざるをえない。

（7） P. Szondi, a. a. O., S. 220.

（8） S. Freud, *Gesammelte Werke*, hg. v. A. Freud, London 1955ff.

（9） 前掲独文拙稿 (Freiheit und Notwendigkeit. In: A. a. O., S. 237) でもこの点を取り上げている。

（10） シェイクスピア劇における例は他説の紹介なので，ここでは，フロイト自身が見出し，注目した『ヴァレンシュタイン』第2部『ピッコローミニ父子』第1幕第5場における言い間違えのみを紹介しておこう。前の場（第4場）で，オクターヴィオ・ピッコローミニの息子マクスは皇帝の使者クヴェステンベルクに対して，「ヴァレンシュタイン将軍を反逆者にしているのはあなた方だ」と非難し，自身も将軍のために血を流すつもりだという覚悟を

語って去る。次の場（同第5場）はマクスの父と使者のやりとりで，クヴェステンベルクの忠告（息子を諌めよという忠告）に狼狽したオクターヴィオは，彼をヴァレンシュタイン公の下へ案内しようとして，「ヴァレンシュタイン公のところへ」言うべきところ，思わず「あの女のところへ」と言い間違えてしまう。この言い間違えを巧みに織り込んだ台詞回しによって，作者（シラー）は，息子の覚悟の理由（公の娘への恋慕）に父親が気づいていることを観客に暗示しようとしており，フロイトは作者シラーの「言い間違えのメカニズムや意味」への心得に注目したわけである。

(11)　以上に記した解釈は岡道男『ギリシア悲劇とラテン文学』岩波書店，1995年，pp. 24f.の優れた指摘に依拠したものである。また，こうした解釈を前掲独文拙稿（Notwendigkeit und Freiheit. In: A. a. O., S. 237-239）でも提示した。

(12)　テイレシアースの衝撃的な予言を，叙事詩の韻律における「中間休止Zäsur」に準え，独特なソフォクレース悲劇論を展開したのは，『オイディプース注釈』および『アンティゴネー注釈』を書き遺したヘルダリンであった（ニュルティンゲン時代の1803年）。なお，筆者は他の機会に，叙事詩の韻律や「中間休止」およびそれのヘルダリンの悲劇論との関連について触れたことがある。前掲拙著『音楽と政治』pp. 120-122.

(13)　この点，本書の姉妹篇『造形芸術と自然――シェリングのミュンヘン講演――』（法政大学出版局より近刊）参照。

(14)　「このような無実の罪びとが自発的に罰を受け入れる，これこそ悲劇における崇高である。このことによってはじめて自由が必然との最高の同一性として説明される」（V, 699）。

(15)　本章第一節2「悲劇の原像」および注6。

(16)　P. Szondi, *Poetik und Geschichtsphilosophie I*（stw 40）, Frankfurt/M 1974, S. 241.

(17)　Ebd., S. 242.　アリストテレース以来の詩学（悲劇の作劇技法）の伝統に対抗して，「悲劇の哲学」を開始したのがシェリングだとシェリング悲劇論を格別大きく評価したのもP. ソンディである。P. Szondi, Versuch über das Tragische. In: Ders., *Schriften*, Bd. 1, S. 151.

(18)　長倉誠一『人間の美的関心考――シラーによるカント批判の帰趨』未知谷，2003年，p. 243参照。

(19)　「無法則という現象のカオスを認識による統一に従わせようとすることを進んで放棄するならば，彼〔感覚の旅行者〕は此岸で断念するものを彼岸から豊かに得ることができる」（XXI, 48）。

(20)　シラーは，論考「悲劇芸術」(1792年) では，悪人の例として，シェイクスピアのイアーゴ，マクベス夫人等を挙げている (XX, 155)。

(21)　レッシングからの引用は *Werke und Briefe in zwölf Bände*, hg. v. Barner, Frankfurt a. Mより。

(22)　そこにはじめて，タイトルに「市民悲劇 Tragédie bourgeoise」なる語が付された。「市民悲劇」という名称に関しては，中村元保『ドイツ市民悲劇成立の研究』朝日出版社，1991年，第2部第1章に詳しい。

(23)　以上については南大路振一他編『18世紀ドイツ市民劇研究』三修社，2001年，第1章「ゴットシェートとその周辺 (特に第2節の中村論考) 参照。なお，演劇運動を理解するための背景として重要な問題はむろんドイツ語問題，とりわけ三十年戦争以後におけるそれである。ヴォルフ哲学におけるそれをも含め，本シリーズ〈叢書シェリング入門 1〉収載拙著『人間と悪』pp. 89-99参照。

(24)　以上の諸点についても南大路振一他編前掲書，序論「18世紀ドイツ「市民劇」管見」(南大路振一) および第3章「「市民悲劇」の成立」(特に第3節の津田論考) 参照。

(25)　レッシングの宗教思想および聖書解釈について，筆者は，安酸敏眞『レッシングとドイツ啓蒙——レッシング宗教哲学の研究』創文社，1998年から多くを学びつつ概説する機会をもった。前掲拙著『人間と悪』pp. 95-99参照。

(26)　旅回り一座による芝居の水準および浮浪人扱いされていた役者たちの身分の低さ等については，たとえば南大路振一「(訳者) 解説」G. E. レッシング『ハンブルク演劇論』鳥影社，2003年，pp. 585-589参照。

(27)　奥住綱男「訳者のあとがき」レッシング『ハンブルク演劇論 (下)』現代思潮社，1972年，pp. 804-810参照。

(28)　Aristoteles's Dichtkunst, ins Deutsche übersetzt, mit Anmerkungen, und mit Abhandlungen, versehen, von Michael Conrad Curtius, Hannover 1753, S. 11-12.

Max Kommerell, *Lessing und Aristoteles. Untersuchung über die Theorie der Tragödie*, Frankfurt a. M. 1940, S. 65より引用。

(29)　南大路振一『18世紀ドイツ文学論集』三修社，1983年，p. 200. 南大路氏は独立の論考 (「『ハンブルク演劇論』における〈das Menschliche〉の諸相」) において，次の点を強調されている (同書pp. 216-217)。レッシングは，『詩学』第14章でのエウリーピデース『クレスフォンテース』へのアリストテレースの言及を援用しつつ，そこで描かれている女王メロペーの行動が

「マッフェイの悲劇およびこれを改作したヴォルテールの悲劇の場合よりもはるかに自然であり，人間的であったこと，そして同時にはるかに感動的であったことを称賛する」。要するに，レッシングにあっては，「悲劇の目的と機能が果たされるためには，〈das Natürlich - Menschliche〉が存在することが必要条件（sine qua non）になる。したがって『ハンブルク演劇論』における〈das Natürlich-Menschliche〉の問題は，そこでの悲劇理論全体に深くかかわっている」。

（30） ダム前掲書，p. 512.

第六章

（1） G. L. Plitt, *Aus Schellings Leben. In Briefen*, Bd. 1, Leipzig 1869, S. 398f. Vgl. Ernst Behler, Bericht und Disskussionen. Schellings Ästhetik in der Überlieferung von Henry Crabb Robinson. In: *Philosophisches Jahrbuch*, 83. Jahrgang(1976), S. 138.

（2） August Wilhelm Schlegel, Die Kunstlehre [1801 - 1802]. In: Ders., *Vorlesungen über Ästhetik*, I [1798 - 1803], hg. v. Ernst Behler, Paderborn/München/Wien/Türich 1989.

（3） Ebd., S. 734-767.

（4） ポリット前掲書pp. 135，145参照。

（5） これについて筆者は本書の姉妹篇『造形芸術と自然』第1章第3節「ヴィンケルマンの古代美術論」の3「ギリシア美術の四様式」で詳論した。

（6） *Die Geburt der Tragödie aus dem Geist der Musik*, 1872. 前掲拙論Freiheit und Notwendigkeit. In: A. a. O., S. 242でもこの点に言及した。

（7） *Sämmtliche Werke*, Kritische Studienausgabe, Bd. 1, hg. v. G. Colli u. Montinari. Berlin/New York 1980.

（8） 私事にわたるが，昨夏（2013年夏），筆者は書物として2冊分の原稿を綴った。一つは本書のベースとなった『悲劇の哲学』，今一つは『ヴァーグナーとニーチェ』である。前者は筆者のフライブルク講演Freiheit und Notwendigkeit（*Die Philosophie des Tragischen*, 1806）が機縁となっており，後者は拙著『音楽と政治』（2010年）におけるヴァーグナー論が機縁となっている。本書『悲劇の哲学』は昨夏綴った原稿中，最後の章として書き上げた「造形芸術と自然」（シェリングのミュンヘン講演）を切り離し，こちらは別の単著に仕立て上げ（本書の姉妹篇『造形芸術と自然』），それによってできた余白に別の1章（第六章）を加筆して成ったものである。

（9） 岩波文庫版『詩学』第17章訳注8（特にp. 188）参照。

(10) 川島前掲書 p. 23。

(11) 「激情」の「緩和」こそ「美」なりというヴィンケルマン説（『模倣論』1795年におけるラオコーオン論）をヘルダーやゲーテなど多くの者が復唱している。この点，前掲拙著『造形芸術と自然』第2章第2節「ヘルダー」の1「不滅のヴィンケルマン」，同第4節「ゲーテ」の3「われらがヴィンケルマン」参照。

(12) 前掲拙著第2章「ラオコーオン論争」の第3節「ヒルト」で，筆者はヒルト説（「ラオコーオン論」『ホーレン』第3巻10所収）を紹介した。Aloys Hirt, Laokoon, in: *Die Horen*, 3, 10. Stück, 1979, S. 1–26.

(13) たとえばシュトゥットガルト私講義やある美術史的注釈など。後者について，今本文で挙げた姉妹篇『造形芸術と自然』に記した注記の一部をここに引いておく。

1811年にヴュルツブルクの画家ヴァーグナーがアイギーナ島にて当地のアファイアー神殿の破風彫刻を発見し，その報告を，当時ミュンヘンの造形芸術アカデミーの事務局長であったシェリングが編集し，注釈を加えて出版した。『アイギーナ彫刻に関するヨーハン・マルティン・ヴァーグナーの報告』*Johann Martin Wagners Bericht über die Aeginetischen Bildwerke* [...]（1817年）である（vgl. IX, 115）。そこで加えられたシェリングによる「美術史的注釈」の1つによれば，おそらくアイギーナ美術こそ，「抽象物から生動性，組織立ったものから自然なものに到達する古アッティカ美術に道を示したものである。すなわち，アイギーナ美術は元来，アッティカ美術の初期様式からフェイディアースによって決定的となる後期様式へのこれまで見失われてきた，かの中間項である」（IX, 160）。

アイギーナ島アファイアー神殿の破風彫刻は，発見当時，時のバイエルン王室によって購入されたお蔭で（1812年），今日われわれもそれらをミュンヘンのグリュプトテーク（彫刻館）にて実際に見ることができる。《弓を射るヘーラクレース》（c. 490–480B.C.）はむろんのこと，《瀕死の兵士》（同）も絶品であり，今日，グリュプトテークの「至宝」と称されている。

(14) D. Z. ショーはこれを「神学的転回（theological turn」と名づけている。Devin Zane Shaw, *Freedom and Nature in Schelling's Philosophy of Art*, London/New York 2010, p. 114. この研究には，他にも，本書のサブタイトルとした「シェリング芸術哲学の光芒」に関連した興味深く，有益な指摘が数々盛り込まれている。前注に挙げた拙著（本書姉妹篇）では折に触れ，これらに注目している。